헨리 제임스의

Henry James

소설과 현상학

헨리 제임스의

소설과 현상학

김경아 지음

Henry James

한국학술정보㈜

서문

이 연구서는 현대 영미 소설의 형식과 내용을 완성시킨 헨리 제임스(Henry James)의 소설 세계를 현상학적 관점에서 조명한 책이다. 따라서 이 책은 기존의 내러티브 방식에 변화를 가져온 의식의 중심 기법에 반영된 현상학적 경향을 분석하면서, 내용면에서도 소위 국제 상황 주제에 잠재한 현대적 디아스포라(diaspora, 국외 이주)의 문제를 소설의 인물들이 새로운 시각을 통해 깨달음을 얻는 현상학적 직관의 과정으로 풀이하고 있다.

기본적으로 이 연구는 제임스 소설을 좀 더 쉽게 설명하기 위한 하나의 방법론으로서 현상학적 접근 방식을 제안하고 있다. 즉 제임스의 사고방식을 지배한 현상학적 충동이 어떻게 소설로 형상화되고 있는지를 분석하고자 했다.

제임스의 현대성은 새로운 언어와 삶의 양식의 창안 과정을 소설의 구체적 장면을 통해 극화(dramatize)시킨 점에 있을 것이다. 『사자들』(The Ambassadors)의 램버트 스트레더(Lambert Strether)는 미국적 관점에서 벗어나 파리 문화에 대한 새로운 시야를 얻고 파리의 언어와 삶의 양식을 이해하게 된다. 『황금 주발』(The Golden Bowl)에서는 이태리에 삶의 뿌리를 둔 아메리고(Amerigo)와 미국적 삶의

Henry James

양식에 속한 매기 버버(Maggie Verver)라는 두 개의 의식의 중심이 갈등을 일으키고 상호 소통할 때 일종의 깊은 타자성을 느끼게 되지만, 현상학적 보기를 통한 대화 방식과 해석학적 발견으로 서로를 알아가게 된다. 『여인의 초상』(_The Portrait of a Lady_)의 이자벨 아쳐(Isabel Archer)는 빅토리아조 소설의 여주인공의 전형에서 벗어난 인물로 전지적 시점으로부터 탈피하여 자신의 이야기를 스스로 만들어 가는데, 역시 현상학적 보기를 통해 깨달음을 얻는다.

이 연구서가 헨리 제임스를 공부하고자 하는 학생들, 그리고 무엇보다 헨리 제임스 연구자들에게 조금이나마 보탬이 된다면 연구자로서 큰 보람을 느낄 것이다. 끝으로 이 책이 나오기까지 지도와 격려를 아끼지 않으신 윤효윤 선생님, 김정숙 선생님, 채수환 선생님, 이종우 선생님, 그리고 함연진 선생님, 최정선 선생님, 박일형 선생님께 무한한 감사의 말씀을 드린다.

2008년 9월
김 경 아

목차

I. 서론

❶ 현상학적 연구의 타당성 및 연구 범위

───────────────── ஐ ─────────────────

헨리 제임스(Henry James)는 현대 소설의 새로운 형식과 기법을 도입한 방대한 창작 활동과 비평 활동으로 많은 비평가들의 연구의 대상이 되어 왔다. 특히 제임스 연구에 있어서는 그의 독창적 소설론과, 소설의 국제 상황 주제, 도덕 주제에 대한 기존의 연구 성과에 더하여, 최근 들어 해체주의나 포스트모더니즘적 관점의 연구에 입각한 다양한 연구가 진행되고 있음을 주목할 필요가 있다.

우선, 주제적 연구에서 피터 브룩스(Peter Brooks)의 입장은 괄목할 만하다. 제임스의 후기 소설에서는 외부적 사건의 멜로드라마(melodrama)[1]가 거리를 두고 사건을 바라보는 의식의 멜로드라마로 전환되는데, 처음으로 의식의 멜로드라마가 완숙하게 구사되는 소설이 바로 『여인의 초상』(The Portrait of a Lady)이다. 브룩스에게 중요한 점은, 외부적이든 내부적이든 제임스가 멜로드라마를 그리는

───────────────────────────────

1) 브룩스는 제임스의 소설을 멜로드라마의 범주 안에서 설명한다. 멜로드라마의 특징 중 하나는, 선악의 구별이 있고 소설의 주인공은 눈처럼 순결하며 악한의 악독한 음모를 중심으로 전개되는 플롯에 있을 것이다. 이러한 플롯 속에서 특히 정서적으로 격렬한 효과를 강조하는 것이 멜로드라마의 전형이라면(아브람스 158-59), 이는 제임스의 소설을 구성하는 다양한 요소들 중의 하나가 될 수도 있을 것이다.

목적이 동일하다는 것이다. 즉 외부 및 내부적인 멜로드라마의 목적은, 인물들이 겪는 윤리적 갈등이 절대적으로 필요할 뿐 아니라, 인물들이 내리는 윤리적 선택이 소설의 실체가 되도록 하는 데 있다. 이때 윤리적 갈등과 선택이 인물 설정과 연결되고 플롯의 동인이 된다(19-20). 따라서 브룩스는 의식의 드라마로서 펼쳐지는 제임스의 텍스트 속에서, 사건을 바라보는 "시점"(point of view) 혹은 의식의 기능은 인정하면서도 이러한 시점과 의식의 기법이 주는 목적을 도덕 주제로 귀속시키고 있다. 그러나 이 시점의 기능은 도덕적 주제에만 한정될 수 없고, 소설의 형식적 측면과 불가분한 조응 관계를 이루는데, 특히 그 서사 방식에 큰 영향을 끼친다. 시점의 기능이 초래하는 소설의 새로운 내러티브와 스타일에 대한 탐구가 절실해지는 이유는 여기에 있다.

퍼시 러복(Percy Lubbock)은 『픽션의 기교』(The Craft of Fiction)에서 이러한 제임스의 스타일에 주목하고 있다. 그는 제임스가 한 인물의 의식을 그 인물의 시점에서 그림을 그리듯이 "극화"(dramatizes)하고 "기술"(describes)한다고 설명한다. 극화하고 기술하는 제임스는 의도적이고 철저하게 모든 가능한 기법을 사용한 최초의 픽션 작가이다. 특히 러복은 『사자(使者)들』(The Ambassadors)에서 이 기법이 최대한 활용되어 있다고 주장하면서, 자신의 분석 이후에도 이러한 기법에 대한 탐구가 계속 이루어져야 한다고 역설한다.

『사자들』 같은 소설은 이 기법이 능숙하게 활용되어 풍부하고 심오한 효과를 거두고 있으므로 비평의 임무는 즉시 이 섬세한 과정을 내가 여기서 시도하는 것보다 더욱 자세하게 분석하는 일일 것이다.

A novel such as *The Ambassadors* may give no more than a hint of the rich and profound effects waiting to be achieved by the laying of method upon method, and criticism may presently be called on to analyse the delicate process much more closely than I now attempt (173).

여기서 러복이 언급하고 있는 "기법"이란, "『사자들』은 ……한 사람의 시점에서 보인 이야기"(*The Ambassadors* ……is a story which is seen from one man's point of view)(170)라고 지적한 것처럼, 의식의 중심(center of consciousness) 시점을 말하는 것이다.

따라서 의식의 중심 시점의 기법의 심오한 효과와 섬세한 과정에 대한 면밀한 분석이 필요하고, 이 분석의 한 방법론으로서 현상학적 방식이 제시될 수 있을 것이다. 예컨대, 스트레더(Strether)의 마음, 즉 스트레더의 의식의 중심은 "가시적, 현상적, 극적"(visible, phenomenal, dramatic)(Lubbock 149)이며, 이렇게 "인물의 경험을 그림으로 극화하는 기법을 극한에까지 이르게"(the art of dramatizing the picture of somebody's experience touches its limit)(Lubbock 171) 하는 제임스의 기법적 장치는 바로 현상학적 충동에서 기인한다고 볼 수 있을 것이다. 왜냐하면 러복이 언급한 "현상적인 의식"은 마르틴 하이데거(Martin Heidegger)의 현상학적인 방식으로 설명될 수 있기 때문이다. 하이데거는 현상학의 예비적 개념을 설명하는 장에서 다음과 같이 피력하고 있다.

현상학의 예비적 개념의 범위를 정했으므로, '현상적인'과 '현상학적인'이라는 용어는 정의될 수 있을 것이다. 현상과 마주치는 방식으로 주어지고 설명될 수 있는 것은 '현상적'이라고 부른다. 이는 우리가 현상적인 구조에 대해 말할 때 염두에 두는 것이다. 그렇다면 이 현상적인 것을 전시하고 해명하는 연구가 요구하는 의식의 방법을 구성하는 모든 것은 '현상학적인'이라고 부른다.

Now that we have delimited our preliminary conception of phenomenology, the terms 'phenomenal' and 'phenomenological' can also be fixed in their signification. That which is given and explicable in the way the phenomenon is encountered is called 'phenomenal'; this is what we have in mind when we talk about "phenomenal structures" Everything which belongs to the species of exhibiting and explicating and which goes to make up the way of conceiving demanded by this research, is called 'phenomenological' (*Being and Time* 37)

이와 같은 하이데거의 설명처럼, "현상적인" 의식의 중심은 해명되고 연구되어야 한다. 그리고 이 "현상적인" 의식에 대한 연구 방법론은 바로 "현상학적인" 방식이 된다.

그러므로 최근 주목할 만한 제임스 연구는 현상학적 접근에서 이루어지고 있다. 폴 암스트롱(Paul B. Armstrong)을 필두로 하여, 멀 A. 윌리엄즈(Merle A. Williams), 콜린 마이스너(Collin Meissner), 버지니아 르웰린 스미스(Virginia Llewellyn Smith)는 제임스의 사고방식과 창작 활동의 기저에 관류하는 현상학적 충동을 지적하면서 이것이 그의 소설에 어떤 영향을 끼치고 있는지 논하고 있다. 개리 L. 하그버그(Garry L. Hagberg)는 특히 현상학자들 중 한 사람인 루드비히 비트겐슈타인(Ludwig Wittgenstein)의 철학적 방법론이 제임스의 텍스트에 구체적으로 형상화되어 있다고 주장한다. 그의 작업은 주로 제임스의 단편 소설을 대상으로 이루어졌다.

따라서 본 연구는 그동안 잘 알려지지 않았던 제임스의 내러티브 기법에 반영된 현상학적 방법을 제임스 소설의 구체적인 텍스트 분석을 통해서 밝혀내고자 한다. 이러한 현상학적 관점에서 현상학적 담론이 가장 현저하게 교직되어 있다고 판단되는 제임스의 초기 대작, 『여인의 초상』과 후기의 걸작 중 『사자들』과 『황금 주발』(*The Golden Bowl*)의 전체 텍스트를 분석할 것이다. 동시에 제임스의 가장 뚜렷한 기법인 의식의 중심 내러티브가 어떻게 현상학과 깊은 관련을 맺고 있는지 밝히고, 현상학의 주요 개념 중 하나인 "삶의 양식"(forms of life)이 어떻게 이러한 제임스의 텍스트들 속에서 구체화되고 있는지를 분석할 것이다. 로버트 B. 피핀(Robert B. Pippin)에 의하면, 제임스는 이 "삶의 양식" 문제를 다룰 때 대부분의 소설가들처럼, "도덕"(morality) 문제를 우선적으로 고려한다. 제임스는 이 도덕 주제를 본질적으로 사회적이고 역사적으로 특정한 관습과 제도, 그리고 넓게는 불문화된 규칙이나 기대들의 문제로 간주하고 있다. 제임스가 관심을 두고 있는 반응이나 판단은 확실히 새로운 역사적 세계에 속한다. 이렇게 새롭게 출현한 역사와 사회의 시공간적 배경 속에서 자연스럽게 새롭게 등장하는 삶의 양식의 가장 큰 특징은 분명하다. 즉 이 새로운 삶의 양식을 영위하는 등장인물들이 사회적 위치를 대표할 때, 새로운 가치의 출현으로 점점 더 몰가치 상황이 되는 분열된 사회 세계에 속한 낡은 관습과 전통은 더 이상 그들에게 사회적 위치의 내적 관계와 의미들, 기능, 역할, 의미에 대한 해석과 평가의 기반을 제공해 줄 수 없게 된다. 같은 유형과 계층, 사회적 위치, 그리고 혈통과 민족, 인종과 제도, 사회 형식은 이제 더 이상 개인들 상호 간의 이해를 돕는 기능을 할 수 없게 된다. 따라서 제임스는 인물들이 대상을 평가하고 판단하기 위해 무엇을 이해해야 하는지 알고자 노력하는 모습을 투사한다. 즉 제임스의 등장인물은 그 자신과 타자의 의도 및 동기, 행동 자체에 대한 정확한 기술(description)을 하고, 넓게는 자아와 타자의 행동과 상호 작용을 이해해야 하는 것이다. 하지만 인물들이 이러한 이해에 도달하기는 매우 어려운데, 그것은 정확히 해석을 가능하게 하는 것, 즉 관습과 배경적인 가정들, 더 일반적으로 말하면 삶의 양식이 그 문화적 공인성을 상실했기 때문이다. 이는 제임스가 실험하는 인물들이 공허와 공백을 경험하는 방식으로 나타난다. 여기서 제임스는 현대화(modernization)가 자유와 발견이 아닌 일종의 악몽이며 방향을 상실케 하는 손실이라고 보는 견해에 동의한다(5-6).

이런 점에서 자주 논의되어 왔던 국제 상황 주제도 결국은 문화적, 사회적 배경이 다른 상이한 삶의 양식에 속한 인물들이 겪는 당황과 혼란스러움, 상호 이해의 어려움을 겪으면서 이해에 도달하는 과정을 그리는 것이라고 볼 수 있다. 그렇다면 이는 주체와 객체, 자아(the Self)와 타자(the Other)의 관계라는 철학적 논의에 관련될 수 있고, 이때 주체의 객체 이해에 대한 현상학적 탐구 방식이 필요할 것이다. 그러므로 피핀이 여기서 "현대성"(modernity)에 대해 설명할 때, 현상학적 탐색과의 조우는 당연할 것이다.

또한 그동안 단편적인 논의가 이루어져 온 제임스의 혁신적 소설 기법인 "의식의 중심" 및 "의식의 흐름"(stream of consciousness)에 대한 연구를 전면적으로 다루어, 이 의식의 중심 기법의 심층적 구조와 기능, 즉 이것이 어떻게 구체적으로 소설 속에서 기존과는 다른 독특한 설화법으로 구사되고 있는지, 또한 이러한 내러티브로 인해 작가와 독자, 등장인물들이 어떤 효과를 거두는지에 대해서 본격적으로 분석할 것이다. 이를 위해서 제임스의 사고방식과 창작 활동 속에 어떻게 현상학적 충동이 배태되고 있는지 고찰하고, 이러한 제임스의 현상학이 에드문트 후설(Edmund Husserl)을 비롯한 주요 현상학자들, 즉 하이데거, 모리스 메를로퐁티(Maurice Merleau-Ponty), 한스 게오르그 가다머(Hans-Georg Gadamer), 그리고 비트겐슈타인의 현상학과 어떻게 상호 교류되고 호환되고 있는지를 논의할 것이다. 이러한 제임스와 현상학의 밀접한 관련성에 대한 분석을 토대로 그의 중요 소설 텍스트를 분석하면서, 그의 내러티브 기법인 "의식의 중심"과 현상학의 핵심 개념인 "현상학적 판단 중지"(phenomeno-logical epoche)[2]의 상호 관련성을 밝히고 이것이 제임스 소설의 텍스트 속에 어떻게 구체적으로 형상화되고 극화(dramatize)되어 있는지를 조명할 것이다.

　이러한 논의는 제임스 텍스트의 내러티브, 스타일이 가진 현상학

---

2) 판단 중지(epoche)는 괄호 넣기(bracketing)라는 말의 그리스어에 해당한다. 따라서 판단 중지는 곧 괄호 넣기가 된다. 사물이나 현상을 괄호에 넣는다는 것은 기존에 사용되는 실제적 관심 및 관점으로부터 이 사물이나 현상을 떼어내고 분리시켜 그 자체 그대로 명상하고 고찰하고 기술하는 것을 의미한다. 즉 이러한 심리적 거리 두기(distancing)는 의식에 포착되는 직접적인 자료와 내용, 변경할 수 없는 경험의 구조, 근본적인 인식론적 사실을 알고 발견하는 데 필수적이다. 그리고 이러한 거리 두기와 괄호 넣기를 통해 우리는 비로소 사물 그 자체를 볼 수 있게 된다 (*The Paris Lectures* 20-21).

적 기술의 특징과 면모를 밝혀 나가는 과정이 될 것이다. 그리고 이렇게 제임스의 소설 창작 전반에 나타나는 현상학에 대한 조명을 통해 그의 소설이 가진 난해성을 설명함으로써, 용이하고 명쾌한 제임스 소설의 이해를 도모하고자 한다.

❷ 제임스의 모더니즘과 현상학

제임스는 자신의 창작 활동 전반을 통해 관찰의 범위는 관찰자의 위치에 달려 있음을 반복해서 보여주고 있다. 따라서 소설의 극적인 순간들은, 인물들이 처한 위치가 그동안 볼 수 없도록 만들고 그래서 미처 예상하지 못한 새로운 상황과 일들에 부딪혔을 때 놀라움을 동반하며 나타난다. 제임스와 마찬가지로 후설은 이러한 놀라움이 일어나는 이유가 바로 우리의 위치와 시각의 한계 때문에 가려졌던 숨겨진 국면들을 우리가 발견했기 때문이라고 지적한다(Armstrong 48).

이렇게 위치나 시각의 한계로 그동안 볼 수 없었던 새로운 세계를 발견하면서 우리는 그 빈 곳을 명명과 언술 행위를 통해 채워 나가는 작업이 필요한데 이것이 바로 현상학적 기술이 된다. 이때, 작가는 새로운 상징적 의미를 발견하여 기존의 화석화된 언어와 의미를 해체시키며 언어의 새로운 용법을 창안하는데, 제임스가 바로 이 작가의 전형을 보여준다. 따라서 훌륭한 작가라면 비일상적인 언어로 우리의 새로운 시야를 열어줄 수 있는데, 언어가 지금껏 말하지 못했던 것을 말하게 할 것이고 그럼으로써 우리가 세계를 새로운 눈으로 보게 할 것이다. 새로운 세계를 보는 인물들의 모습은 제임스의 소설 『사자들』을 비롯하여 『여인의 초상』, 『황금 주발』에서도 극화된다. 예컨대 『사자들』의 스트레더는 파리 체험을 하고 나서 채드에 대한 평가가 달라진다. 『여인의 초상』의 이자벨이나, 『황금 주발』의 매기는 각각 자아도취적인 공상과 미몽에서 깨어나 현실을 직시하고 자신들의 세계를 넓혀간다. 이처럼, 창조적인 작가와 사상가는 윌리엄 로헤드(William Lawhead)가 지적하듯이, "말없이 삶에 부대껴 오고 이해되는 실존과, 분명하게 언어로 표현되는 것 사이"(between his existence as it is tacitly lived and understood and as it is explicitly articulated in speech)(199)의 간격을 메우는 임무를 가진다.

20세기 등장한 현대사회의 새로운 현상들은 기존의 낡고 제한된 시각으로는 포착할 수 없으며 이미 규정화된 언어 및 의미 구조를 통해서 설명되거나 기술될 수 없다. 따라서 현대 문명과 산업사회라는 새로운 시대적 배경 속에 서서히 등장한 모더니즘 문학은 새로운 시야를 통한 새로운 언어의 용법과 밀접한 관련이 있고, 이러한 시대적 상황 속에 위치한 제임스의 모더니즘은, 암스트롱이 지적하듯이, 현상학과의 연계성이 암시된다. 말하자면, 현대 산업 기계 문명이 도입된 사회에 적응하기 위한 현대적 사고에는 새로운 현상을 설명할 수 있는 새로운 언어 구조가 필요한데, 모더니즘은 이 새로운 현상을 설명하기 위해 기존의 의미 및 언어 구조에 도전하며 새로운 의미와 언어를 창출하려는 움직임으로 볼 수 있다. 마찬가지로 현상학이란 기존의 의미 구조에 괄호를 치고 판단 중지하여 현상학적 직관에 의해 새로운 의미와 언어를 발굴해 내는 것이다. 따라서 암스트롱은 제임스가 소설 창작을 통해 이룬 현상학 방식은 그의 모더니즘을 보여주는 좋은 지표가 된다고 말한다. 즉 제임스는 의식을 최초로 소설 속에 다루어 영소설사에 큰 전환점을 가져왔는데, 이는 사실주의의 관습에서 벗어나 의미를 창조하고 해석하는 과정에 역점을 두는 모더니즘으로의 방향 전환을 의미한다. 그리고 새로운 의미 및 언어의 해석과 창조는 제임스 조이스(James Joyce)로부터 이어지는 버지니아 울프(Virginia Woolf), 새뮤얼 베켓(Samuel Beckett)과 그 이후 모더니즘 작가들의 창작 기준이 된다(206).

이론적으로 볼 때, 토머스 어니스트 흄(Thomas Ernest Hulme)으로부터 시작된 모더니즘 운동은 신실재론에서 출발하고 있다. 이 신실재론은 인식 작용과 인식 대상을 불가분의 관계로 상정해 온 전통적인 관념론에서 벗어나 인식 대상과 인식 자체를 철저하게 분리하는 것을 원칙으로 한다(사하키안 377-84). 이는 노에시스(Noesis)와 노에마(Noema)라는 현상학의 주요 개념과 공통 저변을 이룬다. 후설에 의하면, 대상에 대한 의식의 지향적 체험을 구성하는 두 가지 요소가 바로 노에시스와 노에마이다. 노에시스는 인식의 작용 및 행위를 가리키며, 노에마는 인식 대상으로 지각된 것 자체, 상기되거나 기대되고 판단된 것 그 자체가 된다(피브체비치 87-89).

이러한 철학적 이론 위에 출발한 흄의 사상은 에즈라 파운드(Ezra Pound)에게 결정적인 영향을 끼친다. 즉 흄의 사상적 배경 위에서 파운드는 주관적이고 낭만적인 감정을 표현하는 낡고 장식적인 언어를 배격하고 순수한 감각에 의해 부딪히는 새로운 직각의 언어를 구사하는 이미지즘(imagism) 운동을 발전시킨다. 이미지즘 시학은 사물 그 자체에 집중하여 시인이 직관적으로 얻는 이미지를 주정적 묘사가 아닌 직접적이고 직각적인 언어로 표현하는 것이다. 이렇게 시인의 주관적 감정에 충실한 주정적 묘사를 피하고 사물 그 자체를 감각에 의해 직관적으로 경험하는 그대로 참신하고 새로운 언어로 묘사하는 이미지즘의 방식은, 사물 자체로 돌아가 그 본질에 대해 직관하고 기술하는 현상학 방식의 연장선상에 있다고 볼 수 있다. 소설 장르에서는 제임스의 혁신적 모더니즘 기법인 의식의 중심이 조이스와 울프의 의식의 흐름 기법으로 계승되어 모더니즘 소설 세계는 큰 부흥을 이룬다. 여기서 제임스의 의식의 중심은 대상 그 자체로 돌아가는 현상학적 환원과 현상학적 판단 중지가 이루어지는 공간이 된다.[3] 제임스를 계승한 모더니즘의 핵심 작가인 조이스와 울프는 의식의 흐름 기법을 구사하여 대표적 소설을 창작한다. 다시 말해, 의식의 흐름 기법 위에 조이스는 단어의 새로운 조합이나, 단순한 단어들의 나열 등 새로운 표현과 문장을 창조했으며, 울프는 의식의 흐름 속에서 경험하는 의식을 내적 독백이라는 새로운 문체로 표현하게 된다.

이러한 새로운 언어와 문체의 창조는 대표적 현상학자인 메를로퐁티와 비트겐슈타인의 언어 개념에 잘 부합한다. 메를로퐁티와 비트겐슈타인이 정의하고 있는 언어의 본질적 개념에 의하면, 언어는 다양한 표현과 양식을 만드는 활동을 가리키는데, 이러한 활동을 통해 인간은 세계를 전유(傳有)하기 위해 세계로 자신을 투사하고 적응하면서 개인적이고 간주관적으로 의미가 있는 방식으로 인간 공동체와

---

3) 제임스의 의식의 중심 기법과 현상학의 관계는 본론에서 자세히 논의하기로 한다.

상호 작용한다(Gier 88 - 89). 그렇다면 언어는 삶의 특별한 형식이 된다. 따라서 언어는 특별한 삶의 세계를 표현해 준다. 즉 언어는 표현된 삶의 세계이다. 따라서 비트겐슈타인은 "언어의 한계는 나의 세계의 한계를 의미" (*Tractatus*)[4]하고, 하이데거는 "언어가 있는 곳에 비로소 세계가 있다."("Hölderlin and the Essence of Poetry" 276) 고 설명한다. 하이데거에게 있어 언어는 세계를 열어 보이고 그 로고스(Logos)를 표현하는데, 왜냐하면 언어의 구조가 세계의 형식적 측면에 상응하기 때문이다. 이는, 우리가 피상적인 정의를 통해 명명한 구별된 세계가 우선 존재했다기보다는 언어가 세계를 구별하고 표현하기 때문이다. 이렇게 언어를 "삶의 세계"(life - world)를 열어 보이는 것으로 보는 견해는 새로운 해석학의 용어가 된다. 가다머는 『철학적 해석학』(*Philosophical Hermeneutics*)에서 "삶의 세계"에 대해 다음과 같이 정리한다.

> 진실로, 변화하고 있는 다양한 삶의 세계들의 보편적 구조가 보이기 시작하므로, 삶의 세계의 기본적 유효성을 문제 삼고 괄호 치는 행위는 자치적인 경험 영역을 초월적으로 탐색하는 한 새로운 양상이 된다.

> It is true that the thematizing or bracketing of the basic validity of the life - world is a new aspect of the transcendental investigation of

---

4) 5. 62 That the world is *my* world, shows itself in the fact that the limits of the language(*the* language which I understand) mean the limits of *my* world. Daß die Welt meine Welt ist, das zeigt sich darin, daß die Grenzen der Sprache(der Sprache, die allein ich verstehe) die Grenzen meiner Welt bedeuten.

the autonomous realm of "experiences", since what comes into view is precisely the universal structure of the manifold life−worlds with their changing horizons(190).

그렇다면 20세기 새로운 사회에 접어들면서 대두한 모더니즘의 용어는 새로운 삶과 세계의 형식, 그리고 그 경험을 표현하고 해석한 언어라고 볼 수 있다. 이렇게 삶의 세계를 해석하면서 열어 보이는 언어를 강조하는 새로운 해석학은 하이데거와 가다머에 기초를 두고 있다. 즉 새로운 해석학은 해석으로서의 언어 개념에 바탕을 두고 있다. 하이데거는 현대적 논리가 로고스의 "조합"(gathering)이 지닌 중요성을 모르기 때문에 쓸모없고 부적당한 것이라고 주장한다. 이와 비슷하게 전통적인 해석학은 "해석"(hermeneuein)의 희랍 언어학적 의미를 놓치고 단순히 기계적인 해석이 되고 만다. "herme-neuein"의 어원은 "말하다"(say, speak)라는 의미를 갖고 있다. 그러므로 하이데거와 비트겐슈타인에게 있어 언어는 바로 해석이 된다 (Gier 221−23).

따라서 제임스의 문학 용어는 20세기 모더니즘 사회 현상을 새로운 시각으로 관찰하고 표현하기 위해 기존의 낡은 언어를 탈피한 새로운 언어로 기술하고 해석한 것이었다고 볼 수 있다. 이는 소설의 형식과 내용 양면에 지대한 발전을 가져왔다. 형식적 측면에서 그는 의식의 중심 시점을 창안하여 중심인물의 의식을 따라 기술해 나가는 현상학적 기술의 내러티브를 구사했고, 내용면에서도 이러한 인물이 예기치 않은 순간 새로운 시각을 통해 깨달음을 얻게 되는 현상학적 직관의 순간을 극화한 것이다.

❸ 제임스 소설 텍스트 선정의 타당성

그렇다면, 제임스의 작품들 가운데, 특히 초기작에 속한 『여인의 초상』과 후기작인 『사자들』과 『황금 주발』을 현상학적 논의의 대상으로 삼은 근거는 어디에 있을까? 우선 이 세 소설들은 모두 같은 창작 시기에 속한 것은 아닐지라도, 의식의 중심과 시점의 기능이 소설의 내러티브 기법과 주제의 양면에서 그 바탕을 형성하고 있다는 점에서 공통점을 갖는다. 스미스도 지적하듯이, 『로데릭 허드슨』 (*Roderick Hudson*)의 시험 단계를 거친 『여인의 초상』은 제임스가 관심의 초점을 외부적인 사건에서 의식의 중심으로 전환하는 첫 발판이 된다(51). 그리고 마이스너의 지적대로, 이러한 의식의 중심 기법이 본격적으로 구사된 소설이 바로 『사자들』이다(4). 여기서 이자벨 아쳐(Isabel Archer)를 비롯한 소설의 주인공들, 즉 의식의 중심인물들은 제임스의 대행자라고 볼 수 있는데, 삶을 예술로 변형시키는 인물들이다. 이들은 바로 자신들의 이야기를 만들어 갈 때 상상적 에너지와 강력한 의지를 가진다. 말하자면, 이들은 작가 제임스 자신의 강렬한 창조성을 매우 훌륭하게 모방한다. 그러면서 독자로 하여금 더 이상 무엇이 현실이며 이야기인지를 구분할 수 없게 한다 (Smith 74).

특히, 『황금 주발』은 공작(Prince)과 공작 부인(Princess)이라는 두 개의 시점으로 분할되어 있다. 그래서 이 소설은 아메리고 공작(Prince Amerigo)과 매기 버버(Maggie Verver)라는 복수의 의식의 중심과 시점을 설정함으로써, 보는 시각의 차이에 따른 의미의 복수성과 그 갈등을 극화한다고 볼 수 있다. 이런 관점에서 볼 때, 엘리자베스 디즈 어마스(Elizabeth Deeds Ermarth)의 논의는 설득력이 있다. 즉 어마스는 제임스가 첨단 문명화된 사회 세계에 대두하는 서로 다른 시점들 사이의 긴장을 특히 『여인의 초상』, 『사자들』, 『황금 주발』이라는 세 소설을 통해 보여주고 있다고 말한다. 제임스는 서로 다른 시점들이 서로 잠재적으로 갈등하고 충돌을 일으키는 양상을 보여준다. 엄밀히 말해서, 등장인물들은 그들이 소속된 사회적 "정체"(entity)를 대표하는데, 진정한 제임스 소설의 주인공은 바로 이 사회적 정체인 것이다 (257-58). 예컨대, 『사자들』에서 뉴잉글랜드(New England)를 대표하는 사라 포콕(Sarah Pocock)이나 웨이머쉬(Waymarsh)의 시각은 파리 (Paris) 문화의 대표자인 비오네 부인(Madame de Vionnet)의 시각과 충돌을 일으키며, 램버트 스트레더(Lambert Strether) 역시도 소설의 초두에서 파리 문화에 익숙한 채드(Chad)와는 다른 시점을 가지고 대화의 어려움을 겪는다. 『여인의 초상』에서 올버니(Albany) 출신의 이자벨은 영국 귀족 출신의 워버튼(Lord Warburton)과의 진정한 상호 작용이 어려우며, 유럽적 시점을 가진 멀 부인(Madame Merle), 길버트 오스몬드(Gilbert Osmond)와의 관계 형성에 중대한 실책을 범하게 된다. 『황금 주발』의 매기와 아메리고 역시 미국과 유럽권 사회가 지닌 시점의 차이로 그들의 관계에는 보이지 않는 벽이 형성된다.

J. I. M. 스튜어트(J. I. M. Stewart)는 『황금 주발』이 "제임스의 마지막 걸작이며 모든 작품 가운데 가장 경이롭고 난해한 작품"(James's last major performance, is of all his works the most prodigious and enigmatical)(112)이라고 말하면서, 역시 이러한 시점들의 차이에 대해

언급한다.

서로 다른 문화들의 관계는 제임스의 주요한 관심사였는데, 이러한 문화들 사이의 깊은 윤리적 차이를 인식하는 제임스는 주기적으로 행동과 인물에 대해 엇갈리는 시각에 부딪혔다. 그래서 이러한 판단과 신념의 문제는 그의 소설 속에 양가성이 스며들게 한다고 주장되어 왔다. 제임스는 점점 더 사람들과 제도에 대해 결정을 할 수 없게 되고, 주요 문제를 대안적인 해석에 열어두는 방식을 취하게 된다. 그래서 그는 점점 자신의 등장인물들이 무슨 일을 하고 무슨 가치가 있는지 모르게 된다. 결국 그는 자신의 약점에서 주의를 돌리기 위해 훌륭한 기법의 묘미를 활용하게 되었다. 이 제임스의 약점은 미국과 유럽적 시점 사이에서 어느 것을 선택할 수 없는 자신의 무능력에서 기인한다.

Discerning a deep ethical cleavage between those cultures the relationship of which he had made his prime concern, he was regularly beset by conflicting readings of conduct and character. It has been maintained that this problem of judgement and allegiance produces a pervasive ambiguity in the novels. James grew less and less able to make up his mind on people and systems, and fell into a way of leaving vital matters open to alternative interpretations. He was thus increasingly ignorant of what his characters were up to or worth. Finally he declined into exploiting the mysteries of a superb technique in order to divert attention from his shortcomings — shortcomings which had their origin in his inability to choose between American and European points of view(74 − 75).

이처럼, 제임스가 시점들의 차이에 대해 주목하면서 이를 소설의 형식과 내용면에 반영시킨 것은 그가 태어나고 자라난 가정환경과 밀접한 관련이 있다. 뉴욕에서 태어난 제임스는 상업으로 축적한 부를 물려받아 경제적 여유를 누리면서 스웨덴보그(Swedenborg) 종교철학에 심취한 아버지 밑에서 자라면서, 가정교사나 개인 튜터들 (tutors)의 교육을 받고, 장기 혹은 단기적인 유럽 여행을 하게 된다. 따라서 제임스는 어릴 때 경험한 유럽 여행을 통해 "유럽적 감각"(the sense of Europe)(Stewart 71)에 대한 의식을 일깨우게 된다. 이러한 유럽적 감각은 성인이 된 제임스의 의식 속에서도 깊은 정신적 향수로 남게 된다. 따라서 본래 뉴욕(New York) 출신의 제임스는 미국적 시각과 유럽적 시각 사이에서 갈등과 방황을 경험한다. 스튜어트가 말하는 "양가성과 차선적 해석"을 남겨두는 제임스의 문체는 바로 이러한 제임스의 삶 자체에 존재하는 미국 대 유럽적 시각의 갈등이 빚은 제임스의 의식의 소산물이다. 그리고 "훌륭한 기법", 즉 의식의 중심 시점이 바로 이러한 문체를 풀어내는 중요한 장치가 된다.

『황금 주발』에서 이 의식의 중심 시점은 두 개의 시점으로 나뉘어 구사된다. 영소설의 사실주의에 있어 "합의"(consensus)(262)의 문제를 다루면서, 역시 어마스는 제임스가 시점의 차이로 인한 의견과 가치관의 갈등을 소설을 통해 그려낸다고 말한다. 특히, 제임스가 『황금 주발』을 공작(Prince)과 공작 부인(Princess)으로 나눈 것은 두 가지 다른 시점을 두 권으로 만들고자 한 의도를 반영한다. 이러한 두 개의 시점을 훈련하여 제임스는 사실주의 소설에서 세계를 객관화하는 두개의 시점을 확립시킨다. 사실주의에 있어 의견들의 일치와 합의는 세계의 객관성을 지탱해 주지만 제임스는 이를 다르게 운용한다. 이 소설의 중심에는 "황금 주발"이라는 한 사물이 있는데, 이 황금 주발은 서로 다른 사람들에게 극단적으로 다른 것을 의미하는 징표가 된다. 샬롯 스턴트(Charlotte Stant)가 아메리고와 매기에게 결혼 선물로 황금 주발을 줄 때, 이것은 샬롯에게 있어 아메리고와의 내연 관계를 공고히 하는 이중 맹세의 징표가 되지만, 아메리고에겐 결함이 있는 징표가 된다. 매기에게 황금 주발은 배신의 징표가 된다. 사실주의에 있어 사물의 기능은 다양한 시점들을 하나로 모아 "합의"에 이르게 하는 것이지만, 이 소설에서는 합쳐지는 시점들이 이 사물을 파괴시켜 버린다. 말하자면, 매기와 그녀의 남편 사이에 고조되는 긴장감은 샬롯과 아담 버버(Adam Verver), 그리고 어싱엄 부부(the Assinghams)에 의해 교묘히 이용당하고, 결국은 어싱엄 부인(Mrs. Assingham)의 과격한 행동으로 이 결함 있는 중심 물체를 산산이 부숴 버리게 한다. 다른 시점들이 모일수록 그 결과는 더욱 불일치하게 된다. 특히 아메리고와 매기라는 두 개의 중심 시점은 서로 다른 삶의 징표를 부숴 버리게 하는 힘의 근원이다. 그래서 황금 주발은 서로 화합할 수 없는 다른 의미를 지칭하는 하나의 징표가 된다(Ermarth 262).

이와 같이 제임스는 『여인의 초상』과 『사자들』, 『황금 주발』이라는 세 소설 속에서, 의식의 중심 시점, 그리고 서로 다른 시점들의 공존을 통해 사물과 실재를 바라보는 서로 다른 해석과 의미들을 보여주고 있다. 그리고 이렇게 소설의 각 등장인물들이 각자의 의식의 시점을 통해 의미를 발견하는 과정은 현상학적 직관을 통한 사물의 해석이다. 본 연구에서 분석의 대상으로서 이 세 텍스트를 선정한

것은 이와 같은 관찰에 기초한 것이다

❹ 해체주의 및 포스트모더니즘적 연구의 최근 동향

　해체주의나 포스트모더니즘적 측면에서의 최근 연구는 제임스 연구의 지평을 의미 있게 확장하고 있다는 평을 받는다. 줄리 리브킨(Julie Rivkin)은 제임스의 소설들이 해체주의적 접근 방식으로 충분히 읽혀질 수 있다고 주장한다. 우선, 제임스의 의식의 중심 기법도 해체주의적 접근에서 충분히 설명될 수 있다. 즉 의식의 중심에서 그 중심이 바뀐다면, 전혀 다른 시선과 인식, 언어가 발생하고, 따라서 제임스의 내러티브 시점은 언제나 다른 기표로 대체와 보충이 가능하게 된다. 이는 정확히 쟈크 데리다(Jacques Derrida)의 "차연"(differrance)의 개념과 맞물리면서, 그의 "보충의 논리"(logic of supplementarity)라는 용어로 설명될 수 있다. 즉 "보충"(supplements)이란 "원본의 결여"(original lack)를 나타내고 끝없는 보충과 대체를 요구하게 되는 것이다(*False Positions* 58). 결국 리브킨은 제임스의 의식의 중심이 결코 의미와 진리의 담지(擔持)자가 아니라고 주장한다. 즉 제임스의 의식의 중심은 텍스트의 환경에 둘러싸여 초점이 계속 바뀌고 대리와 대체가 나타나는 장소라는 것이다. 리브킨의 이러한 분석은 대체 혹은 대리는 단일하거나 일정한 정체성을 가질 수 없다고 주장한 데리다에 의해서도 뒷받침될 수 있다(False Positions 2-4). 그래서 리브킨은 『사자들』의 핵심은 소위 데리다가 말하는 "보충의 대리적 논리"(representational logic of supplement)의 용어로 설명되어야 한다고 강조한다. 대리 논리나 대체 논리는 포기의 원칙이 아니라, 연속되는 "사자들"을 창출함으로써 희생을 보충하면서 자기 복제하는 것이다. 그렇다면 이 대리 논리의 의도는, 대리를 경험할 때 겪는 어려움이고, 이 경험상의 어려움이 이 소설의 중심 주제와 사건을 구성한다. 그리고 원본을 보존하는 실리적 대리 이론은, 지침이 되는 원본이나 권위체 없이 대리를 잠재적으로 무한하게 분산하는 대리 이론으로 대체된다(False Positions 154-56).

매리 크로스(Mary Cross)는 제임스가 의식의 중심 시점을 구사함으로써 텍스트의 의미를 통제하려 한다고 주장하면서 역시 제임스의 작품을 해체주의적 관점으로 읽을 수 있다고 말한다. 즉 제임스의 소설들은 기표에 대한 이야기라는 관점이다. 크로스에 의하면, 제임스는 언어가 가진 한계와 함정을 이해하고 더 나아가 "의미"(meaning)와 "지시성"(reference)이라는 지극히 실리적인 자기 반영적 논리를 설정함으로써 언어를 통제하려고 노력한다. 페르디낭 드 소쉬르(Ferdinand de Saussure), 구조주의, 해체주의에 의해 발전한 언어 이론의 많은 양상을 참고하면서 제임스는 기표와 기의 사이의 간격, 다시 말해 복수주의적 텍스트를 발생시키는 이러한 간격에 기뻐하는 한편 이러한 간격을 설명하고 메우려 한다는 것이다(105). 그러므로 이러한 언어 특성에 대한 제임스의 양가성(ambivalence)은 그의 창작 스타일의 주요한 요소가 된다. 제임스가 소설 속에서 일정한 의미를 가진 진리를 노정시키려 했음에도 불구하고, 결과적으로 나타난 그의 소설 속 중심의 부재는 개별 문장의 수준에서 그가 의도한 중심의 부재를 반영한다. 제임스 문장의 많은 문법적 특성을 탐색하는 크로스는 제임스가 자주 수동형 동사를 사용하고 마지막 단어가 나올 때까지 많은 수식어를 덧붙여서 각 문장의 결정적 의미를 지연시킨다고 말한다. 그 결과 독자는 의미를 계속 추적하게 된다는 것이다.

분명히, 비밀의 일부는 적어도 제임스의 문체에 있는데, 이상적 독자를 만들어 낼 만큼 흡인력이 있다. 무한한 확장과 수정을 가하면서 문장은 동격화하고 끼워 넣으며 지연시키고 생성하는 활동을 행하는데, 이 때문에 독자들은 계속 깨어 있고, 전후 사건들이 암시적이고 파악하기 힘든 산문으로 표현됨에 따라 반드시 구문에 집중하게 된다.

The secret, certainly, was at least partly in James's style, involving enough to create in its demands his ideal reader. The equating, embedding, stalling, generating activity of his sentences, capable of infinite expansion and revision, keep the reader on constant alert, attentive by necessity to syntax, as events before and after catch into this allusive, elusive prose(43).

심지어 크로스는 구스타브 플로베르(Gustave Flaubert)가 순전히 스타일(style)의 힘만 빌려서 무(nothing)에 대한 책을 쓸 꿈을 꾸었던 것처럼 제임스가 지시성 없는 작품을 쓰기를 원했다고 주장한다(20).
결국, 이러한 해체주의적 입장은 소설의 결미에서 스트레더의 의식의 중심이 채드와 비오네 부인의 관계, 울렛(Woollett)과 파리에 대해 정확한 판단과 인식을 하지 못하는 것으로 간주한다. 단지 스트레더는 기표들이 난립하는 혼란과 미결정 상태로 귀국하려 한다고 본다.

한편으로, 이러한 해체주의적 관점을 일부 채택하면서도, 주제적 접근을 포함한 현상학적 방법에 의한 제임스 연구가 최근에 이루어지고 있다. 윌리엄즈는 제임스의 소설 『사자들』에서 채드를 귀환시킬 임무를 맡은 스트레더가 지속적인 의심과 의미의 수정을 가하면서 독자적이고 혁명적인 판단 방식을 향상시키고 있다고 설명한다. 이는 현상학적(phenomenological)이고 해체주의적인 통찰이 한 번에 융합되어 끊임없는 의미를 창출하는 제임스의 창조적인 과업이 다양한 형식으로 구현되어 있음을 의미한다(58-60). 그리고 이러한 창조적 과업을 수행하기 위한 성공적 장치가 바로 "의식의 중심"이라고 볼 수 있다.

의식의 중심 기법을 통해 제임스는 기존의 서사 기법에 대변화를 가져오면서 새로운 내러티브를 창출하는데, 윌리엄즈의 지적처럼 이러한 서사 기법은 후설로 시작된 현상학적 전통과 해체주의적 요소가 혼합된 형태로 나타난 것으로 볼 수 있다. 해체주의적 전략은 분명 현상학적 방법론에서 출발하고 많은 본질적 부분에 있어 현상학에 묶여 있는 것이 사실이다(9). 즉 규정화된 규범적 체제에 도전장을 던지고 새로운 시각과 패러다임으로 새로운 의미를 발견하고 기술하려는 현상학적 의도는 기존의 기표 및 기의를 해체하려는 차연에 의한 탈중심화와 공통점을 이룬다. 이러한 탈중심화는 지배적 힘을 가진 초월적 기의의 중심이 부재하기 때문에 무한히 대체되는 기표의 자유로운 유희를 주장하기 때문이다(Lentricchia 168-71). 더 나아가 이러한 현상학적 기도는 넓은 의미로 모든 지식이나 언술을 포함하는 텍스트 구조에 내재하는 정치적 힘의 지배 구조를 밝히려는 미쉘 푸코(Michel Foucault) 및 포스트모더니즘적 노선의 한 지점을 이룬다. 따라서 마이스너는 데리다를 넘어 푸코와의 관련하에 이를 지적하고 있다.

　여기서 제임스와 푸코의 연계성은, 사회가 지배와 통제를 위해 변함없이 구축하는 권력의 구조라는 감옥을 해석하는 주체가 인식하여 이를 벗기고 탈출하는 예리한 해석적 지점에 도달하려는 시도에 있다. 사람으로 하여금 새로운 사고 영역으로 탈출이 가능하게 한다는 푸코의 논평은 정확히 제임스의 견해이며, 사적이며 공적인, 적극적이며 수동적인, 열려 있지만 사회적 제약을 받기 쉬운 하나의 사건으로서 경험을 검토하는 해석 주체에게 매우 유용한 것이다. 이는 인식자가 자신을 잃고 자아와 세계를 마치 처음인 것처럼 바라보게 되는 모순적 상황을 통해 작용한다. 제임스와 푸코 이 양자는 이러한 해석적 자유의 중요성을 인식하고 이는 제임스의 주체들의 경험을 형성한다. 스트레더가 자신의 과거에 침투하여 현재에 대한 개념을 확립하고자 하는 시도는 정확히 푸코의 금기 사항이다. 통찰에 도달한 스트레더는 이 과거를 현재의 현실로부터 분리시키고, 삶의 문맥을 따라 살아가는 역동적인 과정에 참여하면서 이해에 도달한다.

　The connection here between James and Foucault is in thier attempt to reach a position of interpretive acuity which enables the interpreting subject to recognize, dismantle, and then escape the imprisoning structures of power which society invariably constructs in order to govern and control. Foucault's remark about bringing one to a position from which an escape into a new realm of thoguht is possible is exactly James's point and is, perhaps, made most available to an interpreting subject through an examination of experience as an event which is both private and public, active and passive, open and subject to social constraints. It is in working through such paradoxes that the knower can be led astray of oneself and come to see that self and the world as though for the first time. Both James and Foucault recognize the importance of this interpretive freedom, and it forms the experience of James's subjects. Strether's forays into his past and this attempt to conceptualize the present are exactly the ascesis Foucalut speaks of. Strether's insight allows him to dissociate this past from his present reality, to move from imposing an understanding to being engaged in the active process of living through situations, and to emerge on the other side of those expereiences with an understading that reflects one's own conscious attempt to come to understanding(28 – 29).

즉 현대 세계라는 새로운 삶의 문맥 속에서 역동적인 경험을 구축해 나가는 제임스 소설의 인물들은 지배적이고 독단화된 의미 체계에서 탈출하게 하는 해석적 자유를 성취하는 과정을 보여준다. 새로운 세계를 경험하는 주체는 끊임없는 질문을 던지면서 판단하고 해석하고 전혀 새로운 사고의 영역에 당도한다. 그래서 과거에 기초한 현재의 정립에 대한 푸코식의 금기는, 스트레더가 자신의 옛 주체를 형성한 울렛의 사고 유형에 따라 현재의 파리 경험을 분석하거나 판단하는 것을 중지하고 괄호 넣기 하여 새로운 시야를 얻는 현상학적 방식과 동일한 궤도에 놓여 있다. 따라서 암스트롱과 윌리엄즈는 제임스의 관점이 본질적으로 현상학적이라고 밝힌다.

Ⅱ. 제임스와 현상학

Ⅱ. 제임스와 현상학_

❶ 의식의 중심 기법과 현상학

제임스의 의식의 중심 기법을 중심으로 한 내러티브 기법은 영미 소설의 예술적인 형식으로서의 완성도를 한 차원 높였다는 점에서 의미가 있을 것이다. 제임스는 『소설의 기교』(*The Art of the Novel*)에서 "픽션이라는 집은 개인적인 비전의 필요와 개인 의지의 압력을 받아 창문들이 뚫려 왔고 계속 뚫릴 수 있을 것이다"(Every window in the house of fiction has been pierced, or is still pierceable…… by the need of the individual vision and by the pressure of the individual will)(45－46)고 말한 바 있다. 이는 스미스의 설명처럼, 개인의 강력한 주관적 경험과 생생한 삶의 현장에 있다는 느낌이 소설 속에 충전되어 있지 않는 한 소설은 텅 빈 형식이 된다는 의미이다. 소설 형식의 본질은 작가의 통제력과 개별적으로 투사되는 등장인물들의 개체성 및 자유 사이에 조성되는 긴장감에 있을 것이다.

제임스는 『여인의 초상』 서문에서 이 문제를 다룬 바 있는데, 그의 소설은 19세기 픽션이 주는 모든 기대를 전복하고 있으며 이 전복의 형태는 여인의 초상에 구현되어 있다고 할 수 있다(37). 많은 비평가들이 지적하듯이, 제임스의 초기작에 속한 『여인의 초상』의 이자벨은 이미 19세기 소설의 여주인공의 전형을 벗어나 독자를 포함한 작가조차도 기존의 시각으로 규정할 수 없는 형태로 존재한다. 19세기 "죠오지 엘리엇(George Eliot)과 같은 작가들은 독자들을 교화하고(edifying) 도덕적 판단(moral judgement)을 제공하기 위해 전지적 화자의 기교를 습관적으로 사용했는데"(Graham 57), 이러한 전지적 시점에 의해 구사된 내러티브는 "규정의"(prescriptive)(Gier 188) 언어라고 볼 수 있을 것이다. 다시 말해, 전지적 화자의 시점은 독자들을 위해 사물을 안내하며 규정해 주는 아주 편리한 방편이었다. 그래서 제임스는 "소설의 성공 열쇠는 특정한 마음을 다른 것들과 다르게 표현해 주는 정도에 달려 있는데(successful in proportion as they reveal a particular mind, different from others), 규정에 의해 억제되거나 제한받을 때 소설의 고통은 시작된다."(can only suffer from being marked out or fenced in by prescription)(The Art of Fiction 8)고 피력한 바 있다.

　반면에, 소설가가 위치한 지점과 일치하는 제임스의 주인공은 주인공 자신의 스토리를 스스로 만들어 가고 통제한다. 소설가뿐 아니라 다른 등장인물들이 의도하는 플롯으로부터 탈출하고 진정 주인공 자신의 이야기를 만들어 가는 것은 바로 예술 작품을 조형하는 것이며, 따라서 『여인의 초상』에서 이자벨의 존재는 제임스 소설의 기교를 상징한다고 볼 수 있다(Smith 40-42). 제임스가 평론 『픽션의 기법』(The Art of Fiction)을 쓴 목적 중 하나는 바로 이 주인공의 거대하고 자유로운 성격을 변호하기 위한 것이었다(Partial Portraits 402). 한편 랠프 터칫(Ralph Touchett)은 소설가로서의 제임스 자신과 사실상 일치하는데(Smith 44), 랠프가 픽션의 집 창문 뒤에서 인간의 모습을 엿보는 고립된 작가 자신을 투영해 준다고 언급한 마이스너(80)의 통찰은 이런 점에서 돋보인다. 랠프는 제임스적인 감수성과 풍부한 통찰력을 지닌 유리된 구경꾼 내지 예술가의 역할을 재현한다. 즉 기쁘게 관조하는 것을 기록하지만 "표현의 분출"(the riot of expression)이 금지된 예술가로서의 모습을 일컫는다(Meissner 82 −83). 작가적 권위를 가지고 랠프는 이자벨에게 "난 당신을 관찰하는 데 만족하오. 깊은 관심으로 말이오."라고 말한다. 이와 같이 랠프는 인생 게임의 구경꾼으로서의 자신의 역할을 고백하면서, 이자벨에게 다음과 같이 충고한다.

'당신의 성격을 형성하려고 노력하지 마시오. 그것은 마치 잔뜩 움츠린 연약한 장미 봉오리를 섣불리 열려고 하는 것과 같기 때문이오. 당신이 원하는 대로 삶을 영위하시오. 그러면 당신의 성격은 스스로 잘해 나갈 것이오…… 당신의 날개를 활짝 펴고 땅위로 솟아오르시오. 그렇게 하는 건 절대로 잘못된 일이 아니오.'

'Don't try so much to form your character—it's like trying to pull open a tight, tender young rose. Live as you like best, and your character will take care of itself …… Spread your wings; rise above the ground. It's never wrong to do that.'(*The Portrait of a Lady* 273−74)[5]

이 충고 내용은 제임스 자신이 『새로운 소설』(*The New Novel*)에서 한 논평을 다르게 말한 것이다. 새로운 소설의 성격은 어떤 시점

---

5) 이후로는 PL로 약칭하고 괄호 속에 쪽수만을 표기함.

이 주는 규정에서 자유로워야 하고 그렇기 때문에 비유적으로 이자벨의 성격을 미리 형성하려 하지 말라고 당부하는데, 이것은 미처 개화하지 못한 장미 봉오리를 강압적으로 열려 하는 것과 같이 무리가 따르고 부자연스러운 행위이다. 소설 혹은 소설의 주인공이나 인물들이 스스로 원하는 대로 행동하고 말하게 할 때 소설의 형식적 특징은 자연스럽게 완성되어 날개를 활짝 펴고 비상할 수 있게 되는 것이다. 따라서 스미스의 지적대로, 랠프는 19세기 소설 중 에마 우드하우스(Emma Woodhouse), 나타샤 로초바(Natasha Rostova), 그리고 도로시아 카소본(Dorothea Casaubon)같이 자기주장이 확실한 여주인공들을 다룰 때 나타나는 두드러진 경향, 즉 적당한 남자를 만나는 결말보다 더 흥미로운 운명을 이자벨에게 예상하고 있다. 즉 이자벨은 랠프의 즐거움이고 이 즐거움의 본질은 자유와 불확실성의 향유이다. 동적인 과정으로서 이자벨의 삶을 관찰하는 것, 즉 그녀가 어떻게 행동할 것인가, 무엇이 될 것인가 관찰하는 것은 흥미로운 일이다(Smith 44). 이를 위해 랠프는 이자벨이 자유롭게 세계를 여행하고 경험하도록 유산 상속을 통한 경제적 독립을 부여해 준다.

그러므로 랠프가 이자벨이 너무 많이 변했다고 토로하고, 자신의 각본과 달리 오스몬드와 결혼한 것에 놀라고 당황하는 장면은 작가의 통제권에서 벗어난 주인공이 자신의 의식의 중심을 통해 스스로 자신의 이야기를 기술하는 새로운 소설의 형식을 상징한다고 볼 수 있다. 그렇다면 랠프의 죽음은 작가 자신의 죽음을 상징한다고 볼 수 있는데, 작가가 만드는 플롯이라는 규정에서 벗어나 이자벨이 자신의 스토리를 직접 기술해 가면서 스스로 예술 작품을 만들어 갈 때 작가의 도덕적 의도와 계몽적 목적하에 서술되는 전지적 시점의 규정적 언어는 더 이상 필요하지 않게 된다. 이것이 바로 제임스가 의도하였던 소설의 예술적 형식의 완성을 조망할 수 있는 배경일 것이다.[6] 즉 마이스너의 설명대로 제임스는 이자벨의 경야 부분에서 한 사람의 중심 의식이 사건과 행동을 기술하는 의식의 중심 기법을 본격적으로 활용하게 되는데,[7] 이때 독자들이 스스로 교훈과 의미를 찾게 되는 예술 장르로서의 소설의 가능성을 발견하게 된다(3 - 4).

그렇다면 이자벨이 전형적 작가의 제한된 시각에서 자유롭게 되어 자신의 삶을 예술 작품으로 만들고자 할 때, 작가 자신뿐 아니라 다른 등장인물들의 시점과 플롯으로부터 해방하게 하는 장치가 바로

---

6) 유명한 월터 베잔트(Walter Besant)와의 논쟁에서 제임스가 설파했던 것도 바로 이런 맥락에 있다. 베잔트는 『예술 장르 중 하나로서의 픽션』("Fiction as One of the Fine Arts")이라는 논문에서 소설이 정확성의 일반 원칙을 지키고 의식적인 도덕 목적을 위해 쓰여야 함을 강조했다. 그러나 제임스는 이러한 베잔트의 견해에 반대하여 『픽션의 기법』을 발표한다. 이 저서를 통해 제임스는 소설의 예술적 발전을 위해서는 주제와 기법의 제한이 없어야 하며, 훌륭한 소설 창작을 위해 가능한 모든 실험을 할 수 있어야 한다고 주장한다. 즉 오직 소설가의 임무는 현실과 삶을 생생하게 포착하여 묘사하는 것이라고 말한다(윤기한 22 - 25). 따라서 제임스는 작가가 독자들에게 도덕적 교훈을 전해 주는 규정적 내러티브가 아니라, 기법이나 내용의 어떠한 제한 없이 삶의 복잡다단한 현실을 의식에 포착하는 대로 설명하는 기술적 내러티브를 시도할 때 소설의 예술적 완성을 얻을 수 있다고 말하는 것이다.
7) 말하자면, 이 한밤중 명상을 하는 이자벨은 순수히 자신의 의식만을 좇아 그 의식의 중심 한복판에서 자신을 둘러싼 세계에 대해 기존에 가졌던 의미 체계에 의혹을 품고 이것을 원래의 모습 그대로 환원시킨다. 이러한 현상학적 환원의 순간은 당혹과 깨달음이라는 변증 구조를 가지는데, 당혹감이 바로 깨달음을 매개하고 이 깨달음은 현상학적 직관의 순간이 된다. 이러한 순간은 "현상학적, 해석학적 현현"(epiphany)(Meissner 33)이며 자유로운 해방의 순간이다. 이 해방의 순간을 통해 이자벨은 오스몬드와 멀 부인에 대한 잘못된 판단에서 탈출하게 된다.

의식의 중심이다. 그리고 이 의식의 중심을 통해 소설가와 독자들은 기존의 규정적인 인식 구조하에서 발견되는 전형적 여주인공의 관습적인 문학적 용어와 형태로부터 벗어나게 되는데, 이것이 바로 "현상학적 판단 중지"(epoche)를 통해 그동안 가려지거나 찾아내지 못했던 새로운 의미 구조를 발견하는 과정이 될 것이다. 즉 제임스 특유의 내러티브 운용의 가장 강력한 기재인 의식의 중심 개념은 "노에시스", 즉 후설적 지각 작용에 의한 "현상학적 괄호 넣기"(bracketing) 혹은 "판단 중지"(epoche)(*The Paris Lectures* 19-23) 그 자체가 된다. 말하자면, 이 의식의 중심을 통해 사물과 경험을 원래의 모습으로 환원시키면서, 기존의 의미 구조에 강력히 도전하고 반발하여 새로운 의미를 창출하게 된다. 이때 새로운 의미를 표현하는 수단이 바로 현상학적 기술이며, 이러한 현상학적 기술에 의한 새로운 의미의 조합과 창출은 제임스의 내러티브와 스타일의 특징이 된다.

여기서 현상학과 관련한 제임스의 소설 읽기 전략은 타당성을 얻는다. 즉 현대 철학의 현상학적 흐름과 제임스의 의식의 중심 내러티브 방식 간의 강력한 상관성을 발견할 수 있는데, 이러한 관점은 영미 소설의 형식적 완성을 추구한 제임스의 노력이 19세기 빅토리아조 소설의 전형적인 설화법인 전지적 화자의 시점에서 벗어나려는 욕구와 무관하지 않음을 보여주면서, 암스트롱의 설명처럼 현상학적 전통의 문학적 연합체로서 제임스 픽션을 바라봄으로써, 지금까지 충분히 인식되지 못한 모더니즘 문학과의 중요한 상관성을 조명할 수 있게 한다(preface).

그러므로 19세기의 유물인 전지적 화자 시점에서 벗어나 의식의 흐름이라는 현대 소설의 설화 양식으로 심화되는 이 의식의 중심 시점은 빅토리아조 소설들에서 볼 수 없는 독특한 설화법을 제공해 주는데, 이 혁신적 내러티브 운용과 현상학과의 관련성을 규명할 때, 제임스 특유의 수수께끼 같은 길고 난해한 문체와 언어를 이해하는 데 도움이 될 것이다. 암스트롱은 『헨리 제임스의 현상학』(*The Phenomenology of Henry James*)의 서문에서 제임스 자신의 관점은 본질적으로 현상학적이며 그래서 제임스가 이해하는 일체의 인식 과정, 픽션의 기교, 경험은 현상학의 관점과 일치하고 있음을 밝힌다. 윌리엄즈는 『헨리 제임스와 철학 소설: 존재와 보기』(*Henry James and the Philosophical Novel: Being and Seeing*)에서 철학적 탐구는 문학적 자원에서 자양분을 얻을 수 있는데, 스토리 텔링(story-telling)을 구사한 장 폴 사르트르(Jean-Paul Sartre)나 알베르 카뮈(Albert Camus) 같은 실존주의 작가들이 독창적 사상가로서뿐 아니라 실험적 소설가로서의 명성도 얻고 있다는 점에서 제임스의 독특한 설화법과 현상학과의 상관관계에 대한 비슷한 실례를 얻을 수 있다고 말한다. 이러한 실존주의 철학자들처럼, 많은 현상학 사상가들은 근래에 이 설화법에 특별한 관심을 가져온 것이 사실이며 이는 제임스의 소설 형식과 기법의 혁신이 현상학의 탐구사와 다각도로 교차되고 있음을 보여준다(21-22).

이러한 제임스의 소설 형식의 선구성은 단지 형식적 차원에서 그치는 것이 아닐 것이다. 소설의 진정한 예술성은 형식과 내용이 동전의 양면처럼 불가분의 유기적 구조를 이룰 때 완성될 것이고, 제임스 소설 기법은 소설의 내용에도 괄목할 만한 전환점을 가져왔다는 점에서 의미가 깊다. 이를 제임스는 『픽션의 기법』에서 비유적으로 표현한다.

이야기와 소설, 내용과 형식은 바늘과 실이다. 나는 바늘 없이 실을 사용한다거나, 실 없이 바늘을 사용하기를 권장하는 재단사들의 이야기를 들어본 적이 없다.

The story and the novel, the idea and the form, are the needle and thread, and I never heard of a guild of tailors who recommended the use of the thread without the needle, or the neelde without the thread(18).

즉 의식의 중심에서 펼쳐지는 현상학적 기술로 대변되는 제임스의 내러티브 및 스타일은 "플로베르의 것처럼 픽션의 내용에 묶여 있다."(20)는 크로스의 지적처럼, 스타일 자체가 소설의 내용이며 주제가 된다. 즉 말하기 자체가 소설의 형식이자 내용이 된다. 결국 이 말하기 자체는 의식의 중심을 통해 새로운 의미와 언어를 창출하는 과정이며, 제임스 소설의 형식과 내용의 유기적 통합과 일치를 이끄는 원동력이다. 츠베탕 토도로프(Tzvetan Todorov)는 『산문의 시학』 (*The Poetics of Prose*)에서 다음과 같이 지적한다.

그러나 그동안 수많은 비평이 쏟아졌던 이 시점의 기교는 텍스트의 주제가 기교적이 아닌 것과 마찬가지로 기교적인 것이 아니다 …… 즉 기교는 주제적 요소만큼이나 많은 것을 의미한다.

But this technique of points of view, about which so much has been written, is no more technical than, say, the themes of the text …… Techniques signifies as much as thematic elements(150-51).

토도로프는 주제만큼 많은 함축을 내포하는 제임스의 기교적 측면을 고찰하면서, 특히 제임스의 "의식의 중심 기교에 나타나는 모든 다채로움은 화자와 인물을 동일선상에 올려놓는 시점에서 기인한다."(28)고 지적한다.

이러한 의식의 중심 시점이 완벽하게 구사된 『사자들』에서는, 확정적인 의미 체계를 제시하는 전지적 화자의 부재 속에서 스트레더 "한 사람의 시점에서 보인 이야기"(Lubbock 170)가 의식의 중심을 통해 기술된다. 곧 경험을 포착하고 기술하는 스트레더의 의식은 울렛이 가진 기존의 의미 구조에 괄호를 치고 새로운 의미를 발견하는 장소가 된다.

❷ 제임스와 다른 현상학자들

1) 삶의 세계(life-world)의 현상학적 기술과 해석

비트겐슈타인의 현상학을 『비트겐슈타인과 현상학』(*Wittgenstein and Phenomenology*)에서 자세히 분석한 니콜라스 기어(Nicholas Gier)는 그의 철학이 유럽 대륙의 철학적 배경에서 조명되어야 하고, 특히 그의 언어 개념은 새로운 해석학에 근접해 있다고 본다. 비트겐슈타인은 20세기 초 저명한 논리학자인 고틀로프 프레게(Gottlob Frege)

가 논리를 일종의 "인지 물리학"(intellectual physics)으로 만들려는 의도를 비판하면서 그 대안으로 논리가 지닌 복수성을 제안하고 프레게가 철저히 거부한 "넓은 이성"(broad reason)을 받아들인다. 그러나 그는 "의미론적 전체주의"(semantic holism)에 대해서는 프레게와 동일한 견해를 펼친다. 의미론적 전체주의는 한 단어는 한 문장의 문맥(context) 안에서만 의미를 가진다는 것인데, 비트겐슈타인은 『트락타투스』(*Tractatus Logico philosophicus*)와 『철학적 탐사』(*Philosophical Investigations*)에서 이 논의를 펼친다. 즉 체스 놀이에서 한 무브(move‒sentence)가 오로지 그 게임의 문맥 내에서만 의미를 가지듯이, 한 단어가 의미를 가지려면 한 문장이 필요하고, 또 한 문장이 의미를 가지려면 전체의 언어 세계(language world)가 필요하다(204‒05). 전체의 "언어 세계"란 한 사회 내 구성원들 사이에 통용되는 의미 체계와 그러한 의미 체계를 형성하고 있는 공통의 삶과 행동 방식을 말한다. 따라서 그의 "언어 세계"는 "삶의 세계"(life‒world)인데 "오로지 생각과 삶의 흐름 속에서만"(only in the stream of thought and life) 언어는 의미를 가지게 되기 때문이다. 이런 점에서 비트겐슈타인은 자신의 언어 철학과 생철학을 융합하고 있으며, 의미란 우리의 구체적인 생각과 삶에 토대를 두고 발생하기 때문에 고정된 것이 아니며 복수성을 가진다고 주장한다(Gier 204‒05). 언어 철학과 생철학의 융합은 비트겐슈타인이 언어 게임(language game)과 삶의 양식(forms of life)을 사실상 동일한 개념으로 보는 점에서 뚜렷이 나타난다.

의미론적 전체주의는 새로운 해석학의 중심 원칙이 되는 "해석학적 전체"(hermeneutical circle)와 동일한 개념이다. 따라서 비트겐슈타인과 하이데거는 이 "해석학적 전체"(hermeneutical circle)를 강조하고 있다. 예컨대, 하이데거에 따르면, 이 해석학적 전체의 원리는 원시 언어에 있어 언어학의 기본 단위가 "문장적 단어"(sentence–word)(Ott 178)라는 관찰 속에서 발견될 수 있다. 즉 "의미론적 전체주의" 혹은 "해석학적 전체"는 한 텍스트 혹은 사물을 온전히 이해하려면, 이 텍스트나 사물이 놓인 문맥과 상황의 테두리 안에 머물러야 함을 의미한다. 의미란 전통적 해석학에 의해 철저하게 객관적으로 포착될 수 있는 것이 아니다. 전통적 해석가들은 텍스트를 해석할 때 우리 자신의 편견으로부터 벗어날 수 있다고 믿는다. 그러나 비트겐슈타인은 모든 보기, 사고하기, 말하기 자체가 바로 해석이며, 여기에는 어떠한 비해석적인, 순수하게 인식적인 이해가 있을 수 없다. 하이데거와 마찬가지로 비트겐슈타인은 보기와 사고하기는 오로지 언어적인 삶 자체 내에서만 가능하기 때문에, 언어가 바로 해석이라고 설명한다(Gier 222–23).

제임스의 현상학 역시 이러한 하이데거와 비트겐슈타인의 해석학적 현상학의 연장선상에 놓여 있다. 제임스가 소설 창작을 통해 추구했던 주제는 우리의 제한된 시각으로 인해 볼 수 없었던 새로운 세계의 국면을 찾고자 하는 것이었고, 이를 위해서는 제한된 시각이 가진 편견과 그 편견이 낳은 인식의 독단에서 벗어날 필요가 있다. 암스트롱은 제임스가 "독단, 고정틀, 관용적 표현에 대한 공포심"을 가지고 있는데, 왜냐하면 이것들이 지닌 절대성은 우리가 알고 있는 지식의 한계를 무시하기 때문이라고 지적한다(55). 그러므로 제임스의 해석학은 언어는 인식 작용이 아니라 해석임을 통찰한다. 이러한 통찰의 토대 위에서, 마이스너도 지적하듯이 제임스의 해석학은 우리가 너무도 당연하게 여겨왔던 성문화된 인식과 행동 유형을 검토한다. 즉 이 공인된 인식과 행동 방식의 독단으로 인해 우리는 미처의식하지 못하는 사이에 경직되고 획일화된 삶을 영위하게 될 뿐만아니라, 일상생활에서 조종당하고 그 조작적인 영향력의 무지한 희생자가 되어 버린다. 마이스너는 일상적 경험을 해석학적, 현상학적으로 이해하고 기술하는 방식에 초점을 맞춤으로써, 현재 폭넓게 회자되고 있는 제임스의 미학에 대한 오해를 정정하고 있다. 마이스너의 이와 같은 기도는 문학이 주체의 의미, 소설 등장인물과 독자의의식을 미묘하게 조종하는 이데올로기(ideology)적 제도의 헤게모니(Hegemony)와 직접적으로 투쟁할 수 있도록 하는 데 목적을 둔다. 이렇게 마이스너가 제임스의 문학을 문화 비평 대신 해석학과 현상학의 용어로 설명하는 이유는 현상학적 해석학이 경험을 바라볼 때주체의 사적인 의식과 사회적 구조 사이에 작용하는 중요한 변증법을 조명해 주기 때문이다. 그래서 그는 제임스 연구에 있어 이러한경험과 주체성에 대한 해석학적–현상학적 동기가, 현재에도 여전히성행하는 푸코와 신역사주의자들의 사회 이론보다 더욱 본질적이고다채로운 이해의 폭을 제공해 준다고 설명한다(2–3). 왜냐하면, 제임스 소설은 한 사회나 문화 공동체를 대표하는 각 등장인물들이 혼란과 갈등 속에 상이한 문화 텍스트를 접하면서도 이를 새로운 관점으로 해석하고 기술하는 과정을 극화하고 있기 때문이다. 이것이 바로 제임스 소설이 가진 해석학적 현상학의 요소라고 볼 수 있다. 이렇게 새로운 의미를 발견하고 해석하는 해석학적 현상학을 통해 등장인물들은 자신의 의식 세계를 지배했던 사회적, 문화적 체계에서벗어나고 상이한 체계를 발견하면서 그 상대적인 가치와 복수성을 이해하게 되는 것이다.

2) 보기(seeing)의 현상학

이러한 현상학적 해석학에 있어 이해(understanding)의 과정은 필수적이다. 하이데거는 "이해는 세계 속 존재의, 세계 속에 존재하는 전체적 기본 상태와 항상 관련된다."(understanding always pertains to the whole basic state of Being－in－the world)(*Being and Time* 144)고 설명한다. 그리고 이러한 이해에 도달하려면 우선 보기(seeing, sight)가 선행되어야 한다. 그래서 하이데거는 "모든 보기는 일차적으로 이해의 바탕을 이루고 있고"(all sight is grounded primarily in understanding), "존재" (Dasein)의 기본적 보기는 언술 이전의 "둘러보기"(Umsicht)이다. 모든 형태의 직관, 지각, 사고는 "존재의 둘러보기"에 근거하고 있다(*Being and Time* 147)고 말한다. 같은 맥락에서, 『철학적 탐사』(*Philosophical Investigations*)의 서문에서 주요 주제로 "의미"(meaning) 와 "이해"(understanding)에 대해 진술하는 비트겐슈타인은 "이해", "대화"(discourse), "마음 상태"(state of mind)라는 기본 삼 구조를 주장한다. 하이데거와 마찬가지로, 비트겐슈타인은 이해의 과정을 탈심리화하면서 이를 초월적 삶의 형식으로 만든다(§154). 로헤드는 비트겐슈타인과 메를로퐁티를 연결하면서 "이해는 내적인 과정이라기보다 우리를 일상의 대화와 공통으로 이해된 문맥에 참여하게 하는 특별한 기동 방식을 습득하는 것"(Rather than

understanding being an interior process, it is the acquiring of a
certain style of mobilization which enables one to participate in
everyday discourse and common understood context)(35)이라고 정리
한다.

이 "현상학적 보기" 개념은 역시 제임스에게 있어서도 중요하다.
『여인의 초상』, 『사자들』, 『황금 주발』의 각 인물들은 중요한 순간
에 이 현상학적 보기를 통해 미몽에서 벗어나 깨달음을 얻게 된다.
중요한 인식의 전환을 가져오는 순간뿐만 아니라 인물들이 대상 세
계를 바라보는 장면들은 소설의 전체적 구성을 이루게 된다. 마이클
시델(Michael Seidel)은 제임스가 인물이 자신의 시각을 따라 보는
것을 언어로 기록함으로써 소설의 사건과 인물의 행동을 훌륭히 구
성한다고 본다. 인물의 시각에 보이는 것을 단지 상상하는 것으로
끝난다면 소설의 사건과 행동은 구성될 수 없다. 그러므로 제임스가
인물이 보는 것을 묘사할 때, 이는 현실의 삶을 사실적으로 보여주
는 것이다. 설화자로서 제임스는 이렇게 인물의 시각에 보이는 대로
기술하는 방식에 따라 삶을 재현하는 것에 역점을 둔다. 예컨대, 제
임스는 『사자들』의 스트레더가 보는 대로 기술해 가는 과정을 내러
티브의 흐름과 일치시킨다. 따라서 스트레더는 사건이 움직이는 생
동감에 관심을 가지는데. 이러한 스트레더의 호기심과 표현 방식은
플롯의 구성자 혹은 소설가의 위치까지 도달하여 소설가가 구성할
만한 내러티브의 차원을 가지게 된다. 그것은 온전히 스트레더의 시
각이 보는 것을 기술하고 있기 때문이다. 파리를 둘러보면서 스트레
더는 자신이 잘못된 세계, 자신에게 친숙한 세계에만 살지 않았을까
하는 자문을 하게 된다. 이러한 자문이 절박한 이유는 오로지 혼자

서만 실재를 보게 되었기 때문이다. 그는 자신이 본 것을 너무 많이 다른 사람들의 현실 개념 속에 투사한 것이 문제였다는 자각을 하게 된다. 다른 사람들은 자신처럼 채드의 변화를 알아볼 수 없을 때, 스트레더는 "실재"(the real)가 허상 혹은 공상에 가하는 위협을 감지하게 된다. 그래서 그는 그들 모두가 아무것도 볼 수 없다면 어떻게 될까 하는 초조감을 갖는다. 왜냐하면 파리로 온 새로운 울렛의 대표자, 사라의 시각은 아무것도 볼 수 없기 때문이다(149－51). 또한 『여인의 초상』의 이자벨은 랠프의 입을 통해 "결단코 삶을 보기 원하는"(You want to see life－you'll be hanged if you don't)(PL 203) 인물로 묘사된다. 이와 같이 각 인물의 시각을 기술하는 과정이 소설 내러티브의 흐름이 되며, 보기의 현상학은 제임스 소설의 중요 특징 중 하나가 된다. 따라서 레온 이델(Leon Edel)은 다음과 같이 지적하고 있다.

…… 헨리 제임스의 후기 소설 『사자들』에서, 젊은 화가 빌햄이 "보기"라는 단어를 "삶을 살기"로 대신하는 것은 우연한 일이 아니다. 이 두 단어는 헨리 제임스의 개인적 사전에서 거의 동일한 가치를 지녔다.

…… it is no accident that in Henry James's late novel, *The Ambassadors*, the little painter Bilham substitutes the word "see" for the word "live" The two had almost equal value in Henry James's personal lexicon(*Henry James: The Conquest of London* 55).

여기서 이델이 언급하듯이, 삶을 산다는 것은 바로 보는 것, 즉 세계를 보는 것을 의미하고 따라서 현상학적 보기를 통한 이해의 과정은 "세계 속 존재"(Being in the world) 위에서 펼쳐진다. 비트겐슈타인은 명백히 하이데거적인 방식으로 이해는 이미 펼쳐진 "체계"(a system)의 틀 안에서 항상 발생한다고 지적한다. 즉 이해는 행동을 뒤따르는 정신적 과정이 아니라 삶의 특정한 상황에서 발생한다. 여기서 "체계"는 "이해"의 "전 구조"(fore-structure) 혹은 비트겐슈타인이 말하는바 "어느 때라도 색깔을 비교할 수 있는 패러다임"(the paradigm that I could at any time compare the colour with) (*Philosophical Remarks* 57)을 지니게 된다. 그래서 이해는 "관계가 그물망처럼 형성된 전체"(a relational whole)의 체계, 즉 세계 속에 항상 잠재해 있다 (Gier 225). 하이데거는 "존재의 실존은 더불어 존재하는 것이기 때문에 존재의 이해는 이미 타자들에 대한 이해를 함축하고 있다."(because Dasein's Being is Being-with, its understanding of Being already implies the understanding of Others)(*Being and Time* 123)고 설명한다. 따라서 이해는 항상 "세계 이해"(518)라고 F. 케어(F. Kerr)는 주장한다. 케어는 비트겐슈타인의 "삶의 양식"(forms of life)을 구성하는 "총체적 합의"(consensus)에서 이 세계 이해를 발견한다. 즉 "삶의 양식" 속의 이 "합의"가 세계의 전(前) 해석인데, 이것은 어느 특정한 역사적 공동체 내에서 인식되고 소통되며, 끊임없이 재현되고 수정된다. 케어에 덧붙여 게르트 브란트(Gerd Brand)는 "세계 이해"가 또한 "존재 이해"임을 주지하면서, 비트겐슈타인의 이해는 항상 어느 특정한 이해보다 앞서는 "존재 능력"(56)임을 제시한다. 후설에 의하면, 객체와 대상 세계는 주체의 한 기능이며 투사이다(Objectivity is a function and project of the subject)(*The Paris Lectures* 27). 즉 주체를 대상 세계에 연결하고 투사하는 행위가 바로 세계와 존재 이해이며 이러한 이해를 통해 주체는 존재할 수 있는 능력을 갖게 된다. 예컨대, 『사자들』의 사라나 웨이머쉬는 파리 문화를 이해하지 못하기에 파리에서 삶을 영위하며 존재할 수 있는 능력이 없다.

이러한 세계 이해는 "지향성"(intentionality) 개념과 밀접한 관련이 있다. 이해와 의식의 본질은 이 지향성에 있는 것이다. 즉 지향성은 자아와 세계라는 두 극점을 연결해 주는 흐름이 된다(*The Paris Lectures* 27). 제임스의 현상학에 있어서도 이러한 지향성 개념은 중요하다. 암스트롱은 제임스의 "기질"(temperament)에 대한 특별한 개념을 논하면서, 그의 현상학에 있어 이 "기질"이 자아와 세계를 연결하는 근본적이고 독자적인 지향성 방식을 설명해 준다고 말한다 (50－51).

3) 삶의 양식(forms of life)과
언어 게임(language game)

그렇다면 우리의 이해가 끊임없이 이루어지는 "삶의 세계"(life－world) 속에서 우리의 구체적인 경험을 통해 형성되는 것은 "삶의 양식"(forms of life)이다. 그리고 이 "삶의 양식"에 토대를 두고 형성된 소위 "언어 게임"(language games)은 문화적, 제도적인 바탕에서 수립된 것이며 인간 행동들을 결정화한 것이다. 따라서 비트겐슈타인은 언어의 한계가 바로 세계의 한계를 의미한다는 지속적인 믿음을 가진다.[8) 따라서 현실에 대해 직접적으로 언어 외적인 접근을 할 수 없다고 말하는 비트겐슈타인은 언어 밖으로 나가기 위해 언어를 사용할 수 없다는 "해석학적 전체"의 울타리를 믿었다. 이 "해석학적 전체"와 동일한 개념인 "의미론적 전체주의"는 필연적으로 언어와 경험의 공존과 확장을 유도한다. 왜냐하면 비트겐슈타인은 "언어와 그것이 짜여 들어간 행동들의 전체적인 일치"를 "언어 게임"이라고 명칭하기 때문이다. 비트겐슈타인은 "언어 게임"의 법칙들은 마구 부동하는 것이 절대로 아니며, 항상 관례, "세계상"(Weltbild) 혹은 "삶의 양식"(forms of life) 속에 확립된 상태로 발견된다고 강조한다. 비트겐슈타인과 하이데거는 "대화"가 단순히 언술 능력을 갖는 것 이상이라고 주장하는데, 그것은 인간이 대상 세계를 발견하고 이해하는 행위는 대상과의 대화의 과정이기 때문이다. 이처럼 인간의 독자성은 하나의 세계를 처음으로 발견하고 "삶의 양식"에 참여하는 능력에 있다. 인간이 말할 때 이미 해석이 된, 질적으로 다르고 독특한 세계가 그 앞에 열리게 된다. 삶의 양식은 결정적으로 공유된 우리의 공통된 생물학적 조건과 밀접하게 관련된 삶의 형식들을 포함한다. 즉 인류의 공통된 행동은 우리가 미지의 세계를 해석하는 수단인 참조 체계가 된다. 하지만 비트겐슈타인은 우리가 비록 낯선 종족의 행동을 해석해 내고 그들의 언어를 공부했다 하더라도, 우리가 그들을 이해했다는 것을 의미하지는 않는다고 말한다. 문화적이고 언어적인 차이점은 너무나 지대하기 때문에, "삶의 양식"과 "언어 게임"은 단일화되기보다는 다양화된다(Gier 228). 따라서

---

8) 5. 62 이 세계가 나의 세계라는 것은 언어(나 혼자서 이해하는 언어)의 한계가, 즉 내 세계의 한계를 의미함을 말해 준다(*Tractatus*).

비트겐슈타인은 "일반화된 논술은 기껏해야 한 체계의 파편과 같은 것을 보여준다."(The most general remarks yield at best what looks like the fragments of a system)(*Philosophical Investigations* 228)라고 말한다.

제임스는 픽션의 세계를 통해 이와 같이 다양화되고 특정한 삶의 양식들과 언어 게임들이 서로 충돌을 일으키는 양상을 보여준다. 이런 맥락에서 "삶이 없이는 무엇이 있을까?"라는 질문을 던지며 "삶의 양식"의 필요성을 역설하는 피핀은 모든 실제 삶의 필요조건과 인간의 형이상학, 가치론이라는 철학적 관점에서 제임스의 내러티브 운용을 풀이한다. 즉 제임스가 가치와 평가를 다룰 때, "의미"(meaning)의 문제라는 진지한 철학적 이론과 결부시키기 때문에, 이 철학 이론이 제임스의 내러티브 운용에 구축되고 있다는 것이다. 인간이 자신의 주체적인 삶을 가지고 있지 않다면 의미가 없는 삶일 것이다. 그래서 제임스가 창조하는 사회 세계 내에서는 등장인물이 자신이 하는 행동이 무엇인지 정확히 지각하고 해석하면서 자신의 삶의 양식을 구축하고자 노력한다(171-72).

"삶의 양식"을 표현하는 "언어 게임"에 있어 우리의 일상적인 언어 운용은 그 한 부분을 차지한다. 후설과 마찬가지로, 비트겐슈타인은 일상 언어는 한 가지의 편향된 전제 사항과 순진한 편견으로 점철되어 있다고 말한다. 즉 대개 우리의 일상적인 언어 운용은 일차적으로 친근함이라는 척도에 좌우되어 거의 숨겨져 있는 실재의 여러 양상을 담아내지 못한다. 따라서 일상 언어의 한계를 인정하고 이를 극복하려는 움직임은 필수불가결한 것인데 비트겐슈타인은 제한된 시각과 의미에서 벗어나기 위해서는 이 일상 언어에 대한 비판과 초월이 필요하다고 말한다. 따라서 그는 이 일상적 어투와 잡담을 비판할 수 있는 한 가지 방법론으로서 "뎁스 그래머"(depth grammar)를 창안한다(Gier 213). 이 "뎁스 그래머" 개념을 설명하기 위해서는 현상학적 용어가 필요하다. 즉 비트겐슈타인의 그래머 개념은 후설 혹은 초기 현상학에서 출처하고 있기 때문에 그 본질적 요소는 바로 현상학에 바탕을 두고 있는 것이다. 숨겨진 사물의 의미를 파악하는 이 그래머 개념은 "현상학적 괄호 넣기"(bracketing)(*The Paris Lectures* 19-23), 즉 사물이나 현상에 괄호를 치고 기존의 패러다임과 개념 및 용어에 의한 판단을 중지하는 현상학의 방식으로 삶의 세계가 가진 특정한 문맥 속에서 새롭게 발견되거나 발생하는 다양한 의미를 포착하게 한다. 따라서 "현상학은 그래머"(Phenomenology is grammar) (*The Big Typescript* 213 437)라는 공식이 성립하게 된다. 현상학적 환원을 통해 대상 자체를 기존의 의미에서 벗겨내어 그 자체로 돌아간다면, 우리가 진정으로 알 수 있는 것을 인식할 수 있다. 이러한 현상학적 환원은 "현상학적 보기"(phenomenological seeing)의 정확한 용어 정립에 있어 매우 중요한 개념이다. 비트겐슈타인은 『중대한 원고』(*The Big Typescript*)에서 현상학적 언어를 어떠한 전제 사항 없이 직접적인 경험을 직접적으로 기술하게 하는 언어로 설명한다. 이러한 비트겐슈타인의 현상학적 언어 철학은 그의 독특한 그래머 개념에서 두드러진다. 의미는 단어들의 사용법에 달려 있는데, 그래머는 단어들이 사용되는 방식이며, 단어들의 사용을 묘사해 준다. 이때 비트겐슈타인의 그래머는 단어와 구, 그리고 문장의 수준을 넘어서서, 스스로 어법을 드러내는 "사실의 잠정적 성격"(the temporal character of facts)(*Philosophical Grammar* 215), "정신적 상태의 그래머"(the grammar of mental states)(*Philosophical Grammar* 82), "색채 와 음향 등의 그래머"(the grammar of color, sound, etc.)(*Philoso-phical Remarks* 53)를 설명해 준다. 따라서 비트겐슈타인의 그래머는 단순하게 언어학적인 분석을 넘어서서 본질적으로 여러 가지 현상들 과 삶 자체의 형식 구조들을 일반적으로 묘사하고 있는 것이다. 이 렇게 비트겐슈타인이 언어학 외적으로 그래머를 사용할 때 그는 그 래머에 모든 "현장 존재의 형식"(Darstellungsformen, forms of being on the field)이 포함되어 있다고 주장하는데(Gier 207), 이는 하이데 거의 "존재의 둘러보기"(Dasein's Umsicht) 개념과 유사하다. 즉 그 래머는 어떤 대상을 생생한 현장에 놓인 그대로 직접 둘러보면서 그 현장의 문맥에서 파악하게 한다. 헨리 르로이 핀치(Henry LeRoy Finch)는 비트겐슈타인의 그래머가 본질적으로 우리가 가지고 있는 모든 형태의 "세계상"을 포함하는데, 광대하게 확장된 의미, 일상적 인 의미보다 훨씬 넓은 의미를 갖고 있다고 말한다(149). 제임스가 창조하는 소설의 장면들은 이와 같이 인물들이 삶의 현장을 직접 둘 러보면서 배워가는 과정을 보여주는데, 인물들은 이러한 과정에서 일상적이고 친근한 의미 체계에서 벗어나 다양한 세계상을 접하게 된다.

비트겐슈타인의 "뎁스 그래머"는 하이데거의 "레데"(Rede, saying) 개념과 공통점이 있다. "레데"와 마찬가지로, "뎁스 그래머"로서의 언어는 삶의 실존적, 초월적 형식이 되는데, 이는 비트겐슈타인적의 "삶의 양식" 개념과 동일한 것이다. 비트겐슈타인은 우리가 일상적 으로 사용하는 언어는 경직된 획일성 때문에 마음이 제한을 받을 수 있고 이때 새로운 표기법의 사용으로 자유로워질 수 있다고 주장한다. 이러한 새로운 언술 방식은 하이데거의 "시창작"(Dichtung)과 비트겐슈타인의 "언어 게임"의 창안에서 찾을 수 있다. 새로운 "언어 게임"들은 확실히 즉흥적이고 특별한 것이며 사물을 바라보는 새로운 방식을 제공한다. 그렇다면 시는 시인이 독자들과 함께 풀어 나가는 하나의 "언어 게임"이라고 볼 수 있다. 왜냐하면 시는 자체의 구조와 논리를 가지기 때문이다. 독자들은 시가 주는 미적 체험이 정점에 도달하게 하려면 이 규칙을 따라야만 한다. 그렇다면 하이데거가 "시류"(poetry)라고 부르는 하나의 "언어 게임"의 확립은, 세계에 존재하는 하나의 새로운 방식을 확립하는 자유로운 행동이 된다. 비트겐슈타인은 이렇게 "시류"를 포함한 새로운 "언어 게임"들이 출현할 수 있다고 할 때, 우리의 언술에서 일어나는 보통의 잘못을 수정하는 것은 허용하지만 그렇다고 기존 언어의 전적인 붕괴를 결코 천명하지 않는다(Gier 213-14). 왜냐하면 비트겐슈타인의 언어 개념은 우리의 일상생활과 일상 언어의 실존적 건재에 바탕을 두고 있기 때문이다. 그의 철학의 본질적 요소인 "삶의 양식"과 "언어 게임"은 인간의 실존적 차원의 삶과 생활 그 자체이다. 즉 언어는 삶 속에서 사용되기 때문에 존재한다.

이러한 하이데거와 비트겐슈타인의 언어 현상학을 가리켜 게오르게 F. 제플러(George F. Sefler)는 "모든 존재에 대한 인간의 접근은 언어적이다."라고 요약한다(190). "존재"(Dasein) 분석에 있어 하이데거는 존재를 구성하는 세 가지의 기본 실존 요소인 "마음 상태"(state of mind), "이해"(understanding), "대화"(discourse)를 다룬다. 그런데 "마음 상태와 이해의 특성이 똑같이 처음부터 대화에 의해 좌우된다."(State-of-mind and understanding are characterized equiprimordially by discourse)는 점에서 대화가 가장 중요하다(*Being and Time* 133). "대화"는 언어가 실제로 사용되고 말해지는 방식의 형식틀이다. 즉 "대화는 대상에 대한 이해의 가능성 및 상호 이해 가능성에 대한 표현이다."(Discourse is the articulation of intelligibility)(*Being and Time* 161) 따라서 하이데거는 "일상적으로나 철학적인 용법에 있어서, 인간에 대한 유명한 희랍어 정의 합리적 동물을 본질적으로 대화 잠 재력에 의해 결정될 수 있는 생물체로 번역"(In both ordinary and philosophical usage, Dasein, man's Being, is 'defined' as the rational animal—as that living thing whose Being is essentially determined by the potentiality for discourse)(*Being and Time* 25)한다. 하이데거와 비트겐슈타인 양자는 말하는 존재에는 특별한 존재 형식이 자연적으로 생겨나게 된다고 말한다. 이것이 바로 "삶의 양식" 그리고 실존 요소가 된다. 그래서 이 두 사상가들은 똑같이 의미의 기원은 단어들이나 문장들이 아니라 "삶의 세계"(life-world, Lebenswelt)라고 생각한다.[9] 하이데거와 비트겐슈타인의 언어 철학은 실존주의적이며 언어학적인 탐색이다. 따라서 하이데거와 비트겐슈타인은 언어 분석이 추상적이거나 단편적인 것이 되서는 안 되고 세계 속의 삶이라는 문맥 속에서 이루어져야 하고, 따라서 언술 구조가 가진 존재론적, 실존적 전체가 파악될 수 있어야 한다고 말한다. 비트겐슈타인은 이러한 실존적 차원이 무시된 언술이 우리를 미혹시키고 삶으로부터 유리시킬

---

9) 여기서 데리다주의와의 차이점이 발견된다. 데리다의 해체주의는 초월적 기의나 의미의 부재와 그 결과로서의 기표의 난립을 주장하고 있다. 하지만 "삶의 세계" 개념이 함축하는 바는 삶의 세계는 엄연하게 실존적으로 존재하고 이 실존 세계와의 대화에서 의미와 말이 생겨나게 되는 것이다.

수 있다고 경고한다. 그래서 그는 "논리주의"(logicism)를 거부하고, 확실히 언어가 선입견 중 가장 위험한 것이라는 하이데거의 주장에 공감한다.

이렇게 언어가 본질적으로 내포한 실존적 차원은 독일어 sagen (say)의 어원학적 연구를 살펴보면 극명해진다. sagen(say)의 어원을 추적하면 show(보여주다)를 의미하는데 이는 이 단어가 지닌 존재론적, 실존적 차원을 시사한다. 따라서 원래의 말하기는 항상 보여주기이다. 이런 점에서 비트겐슈타인은 "우리가 삶 자체가 아니라 언어에 그 지배권을 내어준다면 철학의 문제점들이 도출될 수 있을 것"이라고 경고한다(Gier 216-17). 그러므로 하이데거와 비트겐슈타인은 구체적 삶의 세계에 바탕을 둔 실존적 차원을 무시한 언어의 한계점을 명쾌하게 인식한다.

한편 창조적 언어를 주창하는 메를로퐁티는 일상 언어에 대한 비판이 되는 동시에 삶 가운데 살아 있는 경험의 완전함을 추구하는 창조적이고 철학적인 언술에 대한 탐구를 계속한다. 기실 하이데거와 퐁티, 그리고 비트겐슈타인은 모두 언어가 화석화될 수 있고, 그렇게 될 때 삶 그 자체의 움직임을 막을 수 있다고 말한다. 상투 문구와 다른 고정된 의미들은 의미와 진리를 모호하게 할 수 있다. 메를로퐁티는 "언어화된 지각"(verbalized perception)과 "살아 있는 지각"(lived perception) 사이에, 그리고 우리가 본다고 생각하는 것과 우리가 충분히 면밀하게 바라볼 때 실제로 보는 것 사이에 중대한 차이가 있다고 말한다. 즉 메를로퐁티는 이상적 언어의 개념을 반대하고 "언어의 의미란 사용법에 달려 있다."(meaning is use)(Gier 8)는 비트겐슈타인의 의견에 동의한다. 예컨대, 인간은 공공의 삶에 참가하여 행동이 이루어지는 상황의 문맥에서 언어의 의미를 이해하게 된다. 메를로퐁티와 비트겐슈타인은 언어의 의미란 언어학적 원자로 분해되고 나누어지는 것이 아니며, 언어와 사고는 같은 시공에 걸쳐 있다고 말한다. 그것은 언어 외에는 사고를 읽어내는 보다 직접적인 방법은 없기 때문이다. 따라서 비트겐슈타인과 메를로퐁티는 언어가 세계 속에서 인간의 성취에 부수하는 도구가 아니라고 말한다. 생각을 읽어내는 것은 오로지 상징의 해석을 통해 가능한 것이며 따라서 언어와 같은 수준에 있는 것이다. 이는 일반적 상징체계로서의 언어가 인간의 삶에 있어 필수적인 요소이며, 이 언어가 인간의 발전에 있어 단순히 도구적이거나 부수적인 것이 아니라 하나의 "삶의 양식"(Gier 218−19)이 된다는 함의이다.

4) 넓은 이성(broad reason)의 해석과 조합(putting together)

해석으로서의 언어는 논리와 지식에 대한 새로운 관점을 제시해 준다. 따라서 후설과 하이데거, 메를로퐁티, 비트겐슈타인은 논리와 지식에 대한 현상학적, 해석학적 사상을 개진하고 있다. 후설은 "논리주의"(logicism)를 비판하면서, 이 "논리주의"가 지닌 관념주의와 형식주의 때문에 우리는 어떻게 논리가 일상적 경험과 연결되는가를 이해하기 어렵게 된다고 말한다. 메를로퐁티는 이러한 후설의 논리 개념이 "내용의 논리"(logic of content)라고 말한다. 이 내용의 논리는 사물에 피상적으로 덧붙인 형식에서 파생한 사실들을 논리적으로 조직하는 것 대신에, 이러한 사물의 직접적인 내용 및 본질이 생각할 수 있는 방식으로 자발적으로 생성된다는 것이다(52). 즉 논리주의는 사물의 외부에서 그 피상적 사실만을 나열하는 데 그칠 뿐만 아니라, 현상을 지배하는 독단적 법칙이 되지만, 내용의 논리는 사물의 내부를 꿰뚫어 그 본질을 현상학적으로 직관하고 기술하는 것이다. 후설과 비트겐슈타인은 내용과 그 구조 형식이 어떠한 형이상학적 전제 없이 존재하는 그대로 "자신을 보여주는"(show itself) 현상학적 방식에 천착한다. 『트락타투스』에서 논리적 형식은 그 자신을 보여주는 한편, 『철학적 탐사』에서는 "삶의 양식"이 자신을 드러내고 있다(Gier 195). 또한 후설은 과학에 앞서는 논리가 있고 이 논리는 순수하게 기술적인 것임을 주장하면서, 이 논리의 구조들이 순수하게 기술적으로 실제 "삶의 세계"에 순응한다고 말한다(*Crisis* 135). 냉엄한 논리 자체는 우리의 "삶의 양식" 속에 존재한다. 비트겐슈타인과 마찬가지로, 하이데거는 로고스의 논리는 "존재"(Dasein)의 실존주의적 분석에 뿌리를 박고 있다고 지적한다. 즉 두 사상가의 생철학은 우리의 구체적인 "삶의 양식"에 눈을 돌리고 있다. 따라서 우리가 접하는 말의 의미는 우리의 구체적인 "삶의 양식"에 토대를 두고 있으므로 이것은 부정할 수 없이 엄연히 존재하는 것이다. 제임스 역시 우리의 세계 이해는 반드시 존재하는 것에서 출발해야 한다고 강조한다.

이렇게 기술적 이성에 의해 기술되는 내용의 논리는 "삶의 세계" 속에 잠재하기 때문에, 어느 구체적인 "삶의 세계"도 하나의 "합리적 세계"(rational world)이다. 그것은 마치 비트겐슈타인이 "하나의 언어 게임을 기술하는 모든 것은 논리의 한 부분이다."(everything descriptive of a language game is a part of logic)(On Certainty 56)라고 주장하는 것과 같은 이치다. 비트겐슈타인의 논리 개념은 바로 "삶의 세계"를 껴안고 반영하며 비추어 주는 것이다.

5. 511 세계를 반영하고 비추어 주는 로직이 어떻게 특별한 도구를 사용할 수 있을까? 오로지 이러한 도구들이 무한히 정교한 그물망, 즉 거대한 거울과 연결될 때만 가능하다.

> How can the all−embracing logic which mirrors the world use such special catches and manipulations? Only because all these are connected into an infinitely fine network, to the great mirror.
> Wie kann die allumfassende, weltspiegelnde Logik so spezielle Haken und Manipulationen gebrauchen? Nur, indem sich alle diese zu einem unendlich feinen Netzwerk, zu dem grossen Spiegel, verknüpfen (*Tractatus*).

여기서, 세계는 "관계들의 총합(the relational whole)을 이루는 하나의 체계"(a system)(Gier 225)인데, 이 체계 내에는 다양한 종류의 지식과 같은 이해의 형태가 항상 잠재해 있다. 그리고 이 관계적 총합, 체계, 즉 세계는 비트겐슈타인이 무한하게 섬세한 그물망, 거대한 거울이라고 명명하는 것이다. 그러므로 대상 세계를 반영하는 논리를 사용할 때, 언어와 지식의 논리 구성은 관계적 총합인 세계에서 발원한다. 이때 삶의 세계를 바라보는 행위가 이루어지는데, 이것이 비트겐슈타인이 보기(seeing)를 의미하는 "개관"(overview, synoptic view, Übersicht)(Gier 77-78)을 강조하는 이유이다. 그의 개관은 그 자체로 분석적인 것이 아니라 통합적이다. 한눈에 파악하는 개관의 과정은 이미 통합을 전제하고 있는데, 기어도 역시 비트겐슈타인의 개관은 그 개념상 통합적이라고 지적한다(186).

비트겐슈타인의 "개관"은 하이데거의 "둘러보기"와 동일한 개념으로서 통합적으로 조합하는 "넓은 이성"(broad reason)을 통해 실행된다(Gier 185-87). 이 "넓은 이성"과 비슷한 "동적인 합리성"(dynamic rationality)을 주장하는 메를로퐁티는 논리주의의 절대적 합리성은 오로지 희망 사항이자 개인적 편견이기 때문에 철학 자체와 혼동해서는 안 된다고 역설한다. 이는 100%의 순수한 옛 논리가 탐구의 결과가 아니라 단지 요구 사항이며 경험 그 자체의 바깥에 덧붙인 형식일 뿐이라는 비트겐슈타인의 관찰과 유사하다. 경험 자체는 세계를 보고 알아 가는 새로운 방식에 존재하는 "동적인 합리성"을 내포한다. 논리와 이성이 삶의 경험이 주는 진실한 깊이를 담지하지 못한다면 공허하고 쓸모없는 것이다. 이와 같은 맥락에서 옛 논리는 닫혀 있으며 해석학적으로 단단히 봉인된 것이다. 그러나 메를로퐁티의 합리성은 열려 있고 완전한 것도 아니어서 때로는 위협당할 수도 있다. 또한 하이데거는 아리스토텔레스가 진정한 현상학적 논리의 궤도에 놓여 있지만 아리스토텔레스의 판단론은 조합(putting together)과 대화(discourse) 자체 속에 별개로 진행되는 로고스(Logos)의 진정한 대화적, 실존적 기초를 무시하였다고 지적한다. 즉 하이데거에 따르면, 로고스는 본질적으로 "조합의 구조적 형식을 갖추고 있으며"(can the logos have the structural form of synthesis) (*Being and Time* 33), 로고스가 "기본적으로 의미하는 것은 대화"(the basic signification of logos is discourse)(*Being and Time* 32)인 것이다. 따라서 아리스토텔레스의 변증법은 후기 플라톤의 변증법과 마찬가지로 대화가 아니며 경험과는 무관하게 작용하는 단순한 인식일 뿐이다. 아리스토텔레스가 논리를 세계와 연결한 것은 주관적 설명의 패러다임을 통한 것이고 그 존재론적 상관물은 단순한 물체이다. 물체와 주관적 설명의 논리라는 형이상학은 칸트(Immanuel Kant)와 헤겔의 시대까지 서양 철학을 지배했다. 칸트와 헤겔이 등장하여 이러한 물체의 독단적 법칙을 거절함으로써 생철학이라는 경험의 형이상학과 이것의 20세기 유산인 실존주의적 현상학의 토대가 마련된 것이다. 이러한 철학적 흐름에 위치한 비트겐슈타인은 『철학적 그래머』(*Philosophical Grammar*)에서 주관적 설명의 패러다임은 하나의 표준적 논리 형식이 아니라 수없이 다양한 논리 형식을 생성한다고 주장한다. 그의 "언어 게임"은 많은 논리 형식들을 생성하는 복수성을 상정하고 있는데, 문법적 편견을 파괴하고 우리의 삶에서 새롭게 발생하는 언어의 사용을 볼 수 있게 한다. 이를 위한 방편으로 하이데거는 정형화된 논리 형식을 강조하는 인식론이 "존재"(Dasein)의 실존적 분석으로 되돌아가야 한다고 주장한다. 왜냐하면, "로고스의 논리는 존재의 실존적 분석에 뿌리박고 있기" (the logic of the logos is rooted in the existential analytic of Dasein) (*Bein and Time* 160) 때문이다. 비트겐슈타인 역시 철학은 인식 이전의 시초로 돌아서야 한다고 역설한다. 즉 칸트의 "물자체"(das Ding an sich)로 돌아가 물자체는 인식이 아니라 해석의 대상임을 주지해야 한다. 그래서 의미의 생성은 외부적 지식으로 이루어지는 인식이 아니라 바로 해석 행위이다(Gier 197-99). 그리고 이러한 해석은 넓은 이성 혹은 소위 메를로퐁티의 동적인 합리성에 의해 새로운 세계의 의미를 조합하고 기술하는 과정이다.

제임스 소설의 등장인물들은 이렇게 넓은 이성을 통해 새로운 대상을 해석하고 조합하는 작업을 수행한다. 『사자들』의 스트레더는 울렛의 낡은 이성이 주는 편협한 시각에서 벗어나 새로운 이성, 즉 넓은 이성을 통해 파리의 삶의 양식을 기술하고 조합한다. 『여인의 초상』의 이자벨과 『황금 주발』의 매기와 아메리고 역시 새로운 현장을 목격하면서 그 문맥에 따라 숨겨졌던 의미를 조합하고 깨닫게 된다.

5) 제임스의 인상(impressions)과 후설의 지향성(intentionality)

비트겐슈타인은 이러한 삶의 양식과 언어 게임들은 각기 구별되어 있는 자치체라고 말한다. 따라서 한 언어 게임은, 다른 언어 게임과 겹쳐질 수 없고 서로를 판단할 수 없다고 설명한다(Gier 219). 즉 "진위 판단의 문제는 각자의 세계상에 달려 있다."(*On Certainty* §94)는 그의 주장에 따르면, 한 언어 게임은 그 자체 내 고유한 의미와 진위를 결정할 수 있는 자치체이다. 그러므로 이 언어 게임의 범위 밖에서 외부적으로 그 진위를 결정할 수 없다.

그렇다면, 하나의 자치체로서 언어 게임의 주체는 자연스럽게 유아주의의 문제에 봉착하게 된다. 이와 같은 관점에서 인간의 지각의 한계를 충분히 인식하는 제임스는, 무비판적으로 얻는 지식에 대해 의심한다. 제임스는 극단적 유아주의(solipsism)에 대한 경계를 늦추지 않는다. 그는 다른 현상학자들이 그렇듯 자신의 순수한 주체와 주관성에 의미를 부여하지 않는다. 이를 위한 방법론으로서 제임스는 자신의 독특한 현상학 개념인 "인상"(impressions)을 활용하고 있는데, 이는 의식의 지향성(intentionality)처럼 주체와 객체를 중개해 준다. 또한 소위 "거미줄"(spider-web) 이미지의 수동성은 제임스가 대상을 경험할 때 모든 것을 순수하게 수용하고 받아들여 주체가 객체로 향하여 나아가게 하는 의도를 표현한다. 따라서 우리가 경험을 할 때 가장 활발하게 "인상"을 활용한다면, 대상의 어느 것도 잃지 않고 인식되는 흠 없는 객관의 상태로 나아갈 수 있을 것이다 (Armstrong 52-53).

제임스의 인상 개념과 마찬가지로, 후설의 현상학에 있어 의식의 지향성은 극단적 유아주의를 극복하게 한다. 즉 지향성 이론은 주체와 객체의 관계를 설명해 준다. 주체의 의식을 통해 "인식하는 행위는 대상을 짜 맞추고 형성하며 구성하는"(The act of apprehension constructs, fashions, constitutes the object) 과정이며, 이러한 인식 과정은 후설의 지향성 이론에 나타난다(*The Paris Lectures* 22). 즉 주체의 의식과 인식의 본질은 지향성에 있고, 이 의식의 지향성은 주체와 객체라는 두 간극을 연결해 준다(*The Paris Lectures* 27).

마찬가지로 비트겐슈타인은 유아주의에 대해 피력한다. 비트겐슈타인은 『트락타투스』에서 "우리가 유아주의를 꿰뚫어 보면 그것이 순수한 사실주의와 일치하고 있음을 알게 된다."[10]고 말하면서, 유아

---

10) 5. 64 Here we see that solipsism strictly carried out coincides with pure realism. Hier sieht man, daß der Solipsismus streng durchgeführt mit

주의는 단순한 기분이나 환상과는 다르며 오히려 순수한 사실주의와 동일하다는 사실을 보여준다. 즉 순수한 사실주의에 입각한 유아주의는 자아가 순수한 현실을 있는 그대로 기술함으로써 대상의 새롭고 숨겨진 실재를 드러내는 것이다. 이는 제임스의 "인상" 개념, "거미줄" 이미지처럼, 순수한 현실의 객관으로 나아가는 과정이다. 그리고 제임스가 극단적인 유아주의를 지양하기 위해서 적극적인 "인상"의 활용을 주장했다면, 비트겐슈타인은 "유아주의의 자아가 필요 이상 확장되지 않는 지점으로 축소될 때, 현실은 자아와 동역하게 된다."(*Tractatus*)[11]는 명제를 통해, 현실보다 우위에 서서 이를 지배하거나 군림하려는 주체의 전횡적 독단을 철저히 거부한다.

이와 같이, 제임스의 인상 개념은 소설의 등장인물들이 대상 세계로 온전히 나아가게 하는 중요한 현상학 개념이 된다. 예컨대 제임스는 소설 텍스트 속에 이 "인상"이라는 어휘를 빈번히 사용한다. 즉 등장인물들은 중요한 발견과 깨달음을 얻게 되는 장면에서 어떤 "인상"을 받는 것으로 묘사된다.

---

dem reinen Realismus zusammenfällt.

11) 5. 64 The I in solipsism shrinks to an extensionless point and there remains the reality co-ordinated with it. Das Ich des Solipsismus schrumpft zum ausdehnungslosen Punkt zusammen, und es bleibt die ihm koordinierte Realität.

Ⅲ. 언어 게임으로서 『사자(使者)들』 (*The Ambassadors*)의 내러티브

❶ 의식의 중심 기법과 현상학적 환원

제임스는 현대영미소설의 형식과 기법에 혁명적인 변화를 가져온 작가로 알려져 있다. 제임스가 "전지적 화자의 시점을 선호한 빅토리아조 소설의 경향을 대폭 수정"(57)했다는 케너스 그러햄(Kenneth Graham)의 지적대로, 제임스는 의식의 흐름(stream of consciousness)[12]이라는 현대 소설 서술 양식의 단초가 되는 의식의 중심(centre of consciousness) 기법을 창안함으로써 기존의 설화법에 변혁을 가져온 것이 사실이다.

그러나 이러한 새로운 설화법과 19세기 후반 수많은 학문 분야에 영향을 끼치며 활발하게 전개되었던 현상학적 흐름과의 연관성에 주목해야 할 필요가 있을 것이다. 근래에 이 점을 조명한 현상학자들도 없지 않지만, 1941년 알프레드 쉬츠(Alfred Schütz)가 「현상학적으로 해석된 윌리엄 제임스의 사고의 흐름 개념」("William James' Concept of the Stream of Thought Phenomenologically Interpreted")이라는 논문에서 "현상학적 환원은 의식의 흐름을 드러내 준다." (446)고 주장

---

12) 원래 이 "의식의 흐름"이라는 용어는 헨리 제임스의 형인 철학자 윌리엄 제임스(William James)가 그의 유명한 저서 『심리학의 법칙』(*Principles of Psychology*)에서 처음 사용했다.

했을 때, 이는 제임스의 의식의 중심 시점이 구사된 내러티브가 현상학의 문학적 표현 양식이 될 수 있음을 시사해 준다. 또 윌리엄즈는 『헨리 제임스와 철학 소설: 존재와 보기』(*Henry James and the Philosophical Novel: Being and Seeing*)에서 철학자 윌리엄 제임스(William James)와 그의 동생인 소설가 헨리 제임스가 함께 "현상학적 탐구라는 공통분모하에서 야심차고도 부지런히 공동 작업했다."(12)는 점을 분명히 밝히면서 숨겨진 대상 세계를 샅샅이 발견하고 경험하려는 노련한 발견자로서의 자신을 증명하려는 헨리 제임스의 사고방식에는 현상학적 충동이 압도한다고 말한다(2).

제임스와 마찬가지로 비트겐슈타인은 현상학적 기술(phenomenological description)을 강조하고 있는데, 왜냐하면 그는 소위 삶의 세계(Lebenswelt, life-world)를 반영하고 비추어 주는 로직(logic) 개념13)을 창안할 때 제임스적 현상학 개념을 원용하고 있기 때문이다. 즉 비트겐슈타인은 세계의 로직이란 오로지 현상학적 그래머(phenomenological grammar)14)에 의해 기술될 수 있다고 말한다. 하그버그(Garry L. Hagberg) 역시 헨리 제임스와 비트겐슈타인의 공통점에 대해 1997년 『헨리 제임스 리뷰』(*The Henry James Review*)에 수록된 「당콤의 마지막 순간-제임스 철학의 소우주」("Dencombe's Final Moments; A

---

13) 비트겐슈타인 철학의 가장 중요한 통찰 중 하나는 로직(logic)이 삶의 세계 속에 담겨져 있어야 하는 것이지, 세계가 로직 속에 갇혀져 있는 것이 아니라는 점이다(Gier 46). 이 통찰은 삶의 세계와 로직의 관계를 암시해 주는데, 그것은 삶의 세계가 먼저 원천적으로 주어진 것이고 그다음에 로직이 삶의 세계에 부수하고 있다는 것이다.

14) 비트겐슈타인은 "현상학은 그래머이다."(*The Big Typescript, 213* 437)라고 말한다.

Microcosm of Jamesian Philosophy")15)에서 구체적으로 언급하고 있다.

내가 『의미와 해석』에서도 주장했듯이, (제임스의 스토리 텔링에는) 놀랄 만하게도 관습적인 학문 경계를 넘어 비트겐슈타인의 후기 철학적 방법론에 이르는 유사성이 발견된다.

As I have argued elsewhere —Meaning and Interpretation—, there is(in Jamesian story—telling) a striking similarity stretching across conventional disciplinary boundaries to the later philosophical methods of Wittgenstein(Notes 1).

모방을 기반으로 하여 창조성은 늘 새로운 조합 속에서 펼쳐지고 비트겐슈타인적 언어 게임의 문학적 버전이라는 테두리 내에 새로운 동향을 성공적으로 주조해 낸다. 그리고 삶 자체가 빚어지고, 적어도 생생하게 강화되고 개념이 밝혀지는 만큼 당콤이 창조하고자 하고 제임스가 실제적으로 창조해 낸 픽션은, 명백하게도 비트겐슈타인이 명명했던 삶의 양식을 특징적으로 그려낸다. 제임스는 실질적으로, 당콤은 허구적으로 삶의 양식과 언어 게임들이 펼쳐지는 무소진성을 포착해 낸다.

With mimesis at the foundation, creativity could unfold in terms of ever—new combinations, or to model the matter in a way that I find particularly helpful, new moves within the circumscribed context of the literary versions of incrementally expanding Wittgensteinian language—

---

15) 인터넷 사이트 *The Henry James Review*에 실린 논문을 참조(223—33) .http://muse.jhu.edu/journals/henry_james_review/v018/18.3hagberg.html

games. And in so far as life itself is made, or at the very least revivified, intensified, and conceptually clarified, the fictional fiction that Dencombe wants to create(and has already, if in unacknowledged or semiacknowledged form created) and that James has actually created, we might illuminatingly characterize as what Wittgenstein called a "form of life" James actually and Dencombe fictionally perceive the inexhaustibility of this larger form of life and these language games as they unfold within it(226−27).

하그버그가 말하는 "늘 새로운 조합"이란 현상학적 기술에 의한 조합을 의미하는데, 비트겐슈타인은 이를 그래머 개념에 기초를 둔 언어 게임과 삶의 양식에 근거하여 설명한다. 한편 제임스는 이를 소설의 구체적인 장면들을 통해 상응적으로 극화시킨다. 따라서 제임스의 소설은 비트겐슈타인적 언어 게임의 문학적 버전이 되고, 소설의 내러티브 운용은 비트겐슈타인의 현상학적 언어 게임에 바탕을 두고 있다고 해도 과언이 아닐 것이다.

그렇다면, 비트겐슈타인이 기존 철학의 흐름과 패러다임을 완전히 바꾸었다는 평가를 듣는 자신의 저서 『트락타투스』(*Tractatus Logico -Philosophicus*)에서 "4. 0031 모든 철학은 언어에 대한 비판"(All philosophy is "critique of language", Alle Philosophie ist "Sprachkritik") 이라고 선포했을 때, 제임스의 의식의 중심이란 본질적으로 현상학적 방식으로 "언어 비판"이 이루어지는 장소가 된다. 말하자면 제임스의 의식의 중심 개념은 "노에시스", 즉 후설적 지각 작용에 의한 "현상학적 괄호 넣기" 혹은 "판단 중지" 그 자체가 된다.

또 여기서 헨리 제임스와 함께 현상학적 탐구라는 공통 목표를 추구한 윌리엄 제임스의 기본 강령을 살펴볼 필요가 있다. 쉬츠는 "윌리엄 제임스의 『심리학의 법칙』(*Principles of Psychology*)의 기본 강령을 현상학적으로 해석"(442)하면서, 후설의 현상학과 윌리엄 제임스의 기본 강령 간의 연계성을 매우 설득력 있게 명시하고 있다.

우리는 시공간적 존재에 대한 판단을 유보하는데, 기술적 용어로 말하자면, 세계의 존재를 고정시켜 그것에 대해 우리가 가진 신념에 괄호를 친다. 이 특별한 판단 중지(epoche)를 사용하여 우리는 저 바깥 세계에 대한 일상생활의 모든 상식과 판단뿐 아니라 자연의 관점으로 이 현실 세계를 다루는 자연 과학의 모든 명제들을 유보한다. 이 유보 후에 전 세계에 남는 것은 무엇인가? 우리의 모든 지각, 회상, 즉 우리의 생각을 포함하는, 철저하게 구체적인 경험 그 자체가 아니겠는가. 따라서 현상학적 환원은 본질적으로 의식의 흐름 그 자체의 고유한 본성에 다가서게 한다. 우리는 그 의식을 체험하고 그 내적 구조를 설명할 수 있다. 이것이 바로 현상학적 심리학의 과제이다. 초월적 환원은 현상학적 기술의 심리학에 매우 중요한데, 그 이유는 의식의 흐름과 그 특성을 순도 높게 드러내 보이고, 무엇보다 의식의 중요한 구조들이 이렇게 환원된 영역 내에서만 보일 수 있기 때문이다.

We just make up our mind to refrain from any judgment concerning spatiotemporal existence, or in technical language, we set the existence of the world 'out of action' we 'bracket' our belief in it. But using this particular 'epoche' we not only 'bracket' all the common-sense judgments of our daily life about the world out there, but also all the propositions of the natural sciences which likewise deal with the realities of this world from the natural standpoint. What remains of the whole world after this bracketing? Neither more nor less than the concrete fulness and entirety of the stream of our experience containing all our perceptions, our reflections, in short, our cogitations. The method of phenomenological reduction, therefore, makes accessible the stream of consciousness in itself as a realm of its own in its absolute uniqueness of nature. We can experience it and describe its inner structure. This is the task of phenomenological pshychology. The transcendental reduction is important for phenomenological descriptive psychology not only because it reveals the stream of consciousness and its features in their purity, but, above all, because some very important structures of consciousness can be made visible only within this reduced sphere(445－46).

제임스의 소설 『사자들』에서 모든 판단과 정보가 미리 부여되는 전지적 화자의 부재 속에서 스트레더라는 인물의 의식의 중심은 텍스트를 지배하게 되는데, 이러한 상황 자체는 현상학적 판단 중지를 전제로 한 것이다. 반면에 전지적 화자의 시점은 대상 세계에 대한 판단이 계속 이루어지는 공간이 된다. 그렇다면 의식의 중심이 텍스트 내에서 또 다른 의식의 중심으로 바뀌게 된다면 어떻게 될까? 전적으로 다른 시각과 사고, 의미들이 생겨나게 될 것이다. 하그버그의 설명처럼 늘 새로운 조합에 의한 언어의 무소진성의 한 가지 예가 바로 이것이다.

이러한 의식의 중심에서 그 의식의 흐름 과정을 전달하고 표현하는 가장 중요한 매체는 언어이다. 최근 언어 자체에 대한 많은 연구가 철학적으로 혹은 문학 비평 면에서 이루어져 온 것이 사실인데, 비트겐슈타인은 『트락타투스』의 명제 "4.112 철학의 귀결은 철학적 명제에 있지 않고 그 명제의 규명에 있다."라고 말하면서 언어에 대한 이러한 철학적, 문학적 질문을 푸는 열쇠를 간결하고 압축적으로 제시한다. 우선, 이 명제가 시사하는 바는 철학은 본질적으로 언어 자체에 관심을 가져야 한다는 것인데, 제임스의 창작 활동도 언어에 대한 과제를 풀어가는 과정에 기초되어 있다. 윌리엄즈는 제임스가 소설의 총체적인 플롯 전개를 세밀한 언어학의 소우주적 변주 속에 삼투시키고 있으며, 전체 내러티브를 스트레더가 맡은 대사로서의 계획이 좌절되는 과정의 긴밀한 구성이 아니라 언어 개념과 해석의 규명에 맞추고 있다고 설명한다(25). 크로스도 역시 제임스의 소설은 언어에 대해 다루고 있음을 명확히 지적하는데, "제임스의 소설들은 언어에 대한 것"(James's novels are about language)(5)이며, "언어는 …… 메이지 이야기의 진정한 주제"(Language …… is the real subject of the story of Maisie)(74)라고 풀이한다.

이렇게 언어 탐색이라는 공통 목표하에 발견되는 제임스의 픽션 기법과 비트겐슈타인의 철학적 방법론의 연계성은 비트겐슈타인과 윌리엄 제임스, 윌리엄 제임스와 헨리 제임스 간의 유사점을 살펴볼 때 더욱 선명하게 조망될 수 있다. 매튜 페어뱅크스(Matthew Fairbanks)와 S. K. 베르츠(S. K. Wertz)는 『스콜라 철학』(*The New Scholasticism*)이라는 논문집에 각각 실린 「비트겐슈타인과 제임스」("Wittgenstein and James"), 「비트겐슈타인과 제임스에 대하여」("On Wittgenstein and James")라는 논문에서, 비트겐슈타인이 학생들에게 강의할 때 자주 윌리엄 제임스를 언급했던 사실을 지적한다. 특히 "비트겐슈타인이 윌리엄 제임스에 힘입은 바가 크다."(331)고 지적하는 페어뱅크스는, "지식, 언어와 현실 사이에 존재하는 간극과 중간 상태"에 대해 이 두 사람이 견해를 같이함을 밝힌다. 이 간극과 중간 상태란 인간 지식의 내재적 모호함을 말하며 이 때문에 우리가 검증할 만한 의미의 토대를 원한다면 그 사용 예를 찾아야 한다고 주장한다(340). 한편, 윌리엄 제임스와 헨리 제임스의 관계에 대한 탐색이 이루어져 왔는데, 그중 한 사람이 리차드 A. 헉스(Richard A. Hocks)이다. 헉스는 『헨리 제임스와 실용적 사고: 윌리엄 제임스의 철학과 헨리 제임스의 문학 기교 사이의 관계 연구』(*Henry James and Pragmatistic Thought: A Study in the Relationship between the Philosophy of William James and the Literary Art of Henry James*)라는 책에서 윌리엄의 철학적 사고와 헨리의 소설 형식에는 공통점이 존재하는데, 즉 "윌리엄의 현상학 사상이 헨리의 문학적 기교와 용어로 문학적 구현을 입고 있다."(4-5)고 밝힌다.

결국, 윌리엄 제임스의 철학 사상은 철학적 방법론에서 비트겐슈타인에게 직접적 영향을 주었고, 윌리엄과 비트겐슈타인 공통의 현상학적 탐구는 헨리 제임스에게 있어서는 픽션이라는 문학적 표현으로 구체화되고 있음을 볼 때, 비트겐슈타인과 헨리 제임스의 강한 유사점이 밝혀진다. 따라서 그의 소설에서 나타나는 스토리 텔링 자체는 철학의 문학적 구현으로 볼 수 있다. 윌리엄즈는 『헨리 제임스와 철학 소설』에서 다음과 같이 말한다.

그러한 현상학적 기술이 제임스의 후기 소설의 내용뿐 아니라 형식에도 적용될 수 있음을 보여줌으로써 결정적인 기교의 진보가 이루어질 수 있다. 혁명적 철학은 조심스럽게 빚어진 스토리 텔링으로 그것의 완전한 표현을 얻게 된다.

At the same time, it is possible to make a definite technical advance by showing that such phenomenological description may be applied not only to the content, but also to the form, of James's later fiction. Innovative philosophy finds its fullest expression as carefully modulated story－telling(49－50).

이처럼, 제임스 소설의 형식과 내용에 적용될 수 있는 현상학적 기술은 소설 기법의 발전을 가져온 원동력이다. 즉 "철학적 표현의 형식"(a form of philosophical enactment)(Williams 78)으로서 제임스 소설은 그 내용과 형식 양면에서 현상학이라는 철학적 바탕 위에 수립되는데, 형식으로서 스토리 텔링은 바로 현상학적 기술이 되고, 내용면에서는 인물들이 현상학적 깨달음을 얻는 장면을 극화한다.

❷ 현상학적 기술로서의 스토리 텔링

따라서 러복이 지적한 제임스 소설 기법의 다중적이고 섬세한 과정을 분석할 때 필요한 개념 중 하나는 비트겐슈타인 철학과 밀접한 관계가 있는 현상학의 방식이다. 비트겐슈타인에 따르면 모든 지식 세계의 명제를 포함한 세계의 로직을 설명할 수 있는 수단이 바로 현상학적 기술이 된다. 로직은 대상 세계를 껴안고 비추어 주고 반영하고 있으며 이러한 로직은 오로지 현상학적 그래머로 기술될 수 있다.

그의 로직 개념에 있어 중요한 것은 대상 세계, 삶의 세계를 거울처럼 비추어 주는 것이며 따라서 그의 로직을 가동하기 위해서는 대상 세계를 들여다보아야 한다. 그렇기 때문에 그의 철학에 있어 보기의 기능은 매우 중요한데, 이는 대상을 한 번에 꿰뚫어 보는 "개관"이라는 주요 개념으로 집약된다. 그렇다면 이렇게 한눈에 파악된 대상 세계의 로직은 어떻게 표현을 얻을 수 있을까? 『트락타투스』의 명제에 따르면 로직은 오직 "기술"(description)에 의해서 표현될 수 있음이 암시된다.[16] 기어(Nicholas F. Gier)가 지적하듯이, 전통적인 로직 개념이 표준화된 개념과 용어로 이루어진 "규정적인"(prescriptive) 것이고 이러한 규정이 마치 사회적 법규처럼 엄격하게 준수되어야 하는 것이라면, 비트겐슈타인의 로직 개념은 순수히 "기술적인"(descriptive) 것이다(188). 다시 말해 비트겐슈타인의 로직 개념은 이미 규정된 해석틀로부터 해방되고 새로운 시각과 해석틀을 창안하여 언급되거나 설명되지 않은 대상 세계의 숨겨진 국면들을 조합하고 그 새로운 의미를 발견하는 것이다. 비트겐슈타인은 인간의 마음은 표준

---

16) 5. 472 가장 보편적인 명제의 형식을 기술하는 것은 로직의 단 하나밖에 없는 원시적 기호를 기술하는 것이다(The description of the most general propositional form is the description of the one and only general primitive sign in logic. Die Beschreibung der allgemeinsten Satzform ist die Beschreibung des einen und einzigen allgemeinen Urzeichens der Logik)(*Tractatus*).

화되고 규격화된 언어 안에 감금당할 수 있으며 이때 새로운 기술과 언어를 창안할 때 인간의 마음 또한 자유로울 수 있다고 설명한다 (Gier 212-13). 따라서 그는 "언어의 의미는 각 사용법에 달려 있다."고 말하며 새로운 언어의 사용법을 개발해야 한다고 주장한다. 이때 새로운 언어가 의미가 통하게 하려면 말의 의미를 그래머의 질서로 조합해야 하며 이 새로운 의미를 사람들 가운데 통용시켜야 한다고 말한다(Gier 187). 즉 메를로퐁티의 용어로 말하자면, 새롭게 발견된 의미가 이 의미의 주창자, 그리고 그가 함께 의사소통하는 사람들의 문화 속에 미묘하게 침투하여 후에는 활발하게 접할 수 있어야 한다(*Signs* 91-92).

그렇다면 비트겐슈타인이 말하는 그래머의 질서 혹은 그래머의 의미는 무엇일까? 사실, 비트겐슈타인의 그래머는 단어나 구 따위의 언어학적인 범위를 넘어서서 스스로를 드러내는 "사실의 잠정적 성격", "정신적 상태의 그래머", "색채와 음향 등의 그래머"를 설명해 준다. 사실의 잠정적 성격, 정신적 상태, 색채와 음향 등의 영역에서는 주어진 관습적 해석틀로 규정될 수 없이 수없이 많은 다른 상태들이 있기 마련이다. 만약 주어진 해석틀로 규정된다면, 이것들의 수없이 다양한 의미와 내용들이 유실되고 손상을 입게 된다. 비트겐슈타인이 현상학이란 그래머라고 주장하는 것은 바로 이 때문이다. 그의 그래머 개념은 여러모로 보아 현상학적 방법론으로 간주될 수 있다. "본질은 그래머로 표현된다."(Essence is expressed by grammar) (*Philosophical Investigation* 371)는 그의 주장대로, 사실의 잠정적 성격, 정신적 상태, 색채와 음향 등은 어떤 전제 없이 현상학적 직관에 의해 파악되고 표현될 수 있을 뿐이다. 여기서 그래머 혹은 현상학의 방식에 의해 얻는 표현은 순수히 기술적인 것이다.

이와 같은 맥락에서, 제임스의 내러티브는 근본적으로 현상학적 방식에 기초되어 있는데, 윌리엄즈는 이를 가리켜 "현상학적 접근은 제임스의 내러티브 형식과 강한 유사점을 갖는다."(the phenomenological approach has strong affinities with James's style of narrative)(2)라고 지적한 바 있다. 특히 그의 후기 소설들에서 보이는 내러티브는 이러한 특별한 철학 방식과 강한 공통점을 갖는다. 제임스는『사자들』에서 다음과 같이 말한다.

> 스트레더는 이 모호한 절차를 혼자서 기술하고 심지어 일종의 행복한 간막극처럼 그녀에게 설명해 보였다. 이 상황은 이런 모습으로 드러났다. 이 두 사람은 지금껏 실컷 이야기한 문제에 대해 당분간 말할 필요가 없게 된 것이다. 그는 이 포만함을 처음에 선언했고 그녀는 재빨리 이를 알아차렸다.

> Strether described these vague proceedings to himself, described them even to her, as a happy interlude; the sign of which was that the companions said for the time no further word about the matter they had talked of to satiety. He proclaimed satiety at the outset, and she quickly took the hint(487).

여기서 제임스는 "기술하다"(describes)를 반복적으로 사용하는데, 현상학적 기술로 사물의 의미와 내용이 직접적으로 파악되고 표현될 때 기존의 피상적 설명은 필요하지 않음이 밝혀진다. 즉 기술이 될 때 기존의 상투어들은 필요하지 않게 되며 따라서 "두 사람은 그 문제에 대해 더 이상 할 말이 필요 없게 된다." 이러한 견지에서, 제임스는 기존하는 언어들로 표현될 수 없는 것을 가리켜 "본질, 진짜의 것"(the real thing)이라고 부른다.

　그가 할 말은 거의 없는 것으로 보였다. 비록 그녀와의 대화가 그에게 아주 이상한 영향을 주었지만 말이다. 모호하고 혼란스럽게 그는 그녀와의 대화 때문에 고통을 느꼈다. 마치 그 자신 깊고 희미한 무엇인가에 관심을 가진 것처럼 느껴졌다. 그는 그 깊은 것을 인정했지만 더욱 커졌다. 억누르듯이, 정말 당황스럽게 그들이 표면 위로 떠올렸던 문제에 대해 그가 책임이 있는 것처럼 여겨졌다. 무엇인가 오래고 차가운 것을 통해서 그는 바로 이것을 진짜의 것이라 부를 수 있었다. 간단히 말해서 이 안주인의 뉴스는, 비록 이유는 설명할 수 없을지라도, 지각할 수 있는 충격이었고 그가 느낀 중압감은 어떻게 해서든지 즉시 제거해야 할 것이었다. 거기에는 손실될 너무나 많은 인과관계들이 있어서 그가 다른 행동을 취하지 못하게 했다.

　There seemed little else for him to say, though her communication had the oddest effect on him. Vaguely and confusedly he was troubled by it; feeling as if he had even himself been concerned in something deep and dim. He had allowed for depths, but these were greater; and it was as if, oppressively－indeed absurdly－he was responsible for what they had now thrown up to the surface. It was through something ancient and cold in it what he would have called the real thing. In short his hostess's news, though he couldn't have explained why, was a sensible shock, and his oppression a weight he felt he must somehow or other immediately get rid of. There were too many connexions missing to make it tolerable he should do anything else(*The Ambassadors* 364).[17]

즉 "진짜의 것"은 주어진 언어로는 분석될 수 없고 단지 새로운 이름과 표현으로만 기술될 수 있다. "그녀와의 대화가 아주 이상한 영향을 주었음에도 스트레더가 할 말이 거의 없었던 것"은 바로 이 때문이다. 더 나아가 스트레더가 무엇인가 "깊고 희미한 것"에 관심이 있다고 느낀 것은, 손으로 만질 수 있는 것처럼 실질적인 의미를 경험했음에도 주어진 개념과 언어로 표현할 수 없음을 말해 준다. 따라서 그가 "다른 행동"을 취하는 것, 즉 이러한 "진짜의 것"을 기존의 개념으로 분석하고 기존 언어로 표현하게 된다면, 이것의 너무 많은 인과관계들은 손실될 것이다. 반면 이 손실된 인과관계와 의미를 파악하려 한다면, 사물을 현상학적 괄호에 넣고 기존 개념에 의한 판단 중지를 통해 보이는 그대로 기술해야 한다. 이 과정에서 필요한 것은 비트겐슈타인의 "개관"인데, 이를 통해 사물의 내용은 한눈에 파악될 수 있다. 다시 말해 이 개관은 분석이 아닌 일종의 인식의 통합 작용일 수 있다.[18] 왜냐하면 분석은 몇 단계 혹은 무한하게 쪼개고 나누는 과정이며 이 과정에서 필연적으로 새로운 사물을 기존의 관습적인 개념과 표현으로 분해하게 되기 때문이다. 즉 새로운 사실과 사물을 접할 때 그것들을 보이는 그대로 직관적으로, 통합적으로 파악하지 못하고 단지 분석을 하게 된다면, 이 분석 과정에서 필연적으로 기존의 설명자와 개념에 의존하게 된다. 결론적으

---

17) 이후로는 A로 약칭하고 괄호 속에 쪽수만을 표기함.
18) 기어도 비트겐슈타인의 개관은 그 개념상 통합적이라고 지적한다(186).

로, 새로운 사실과 사물을 분석한다는 것은 기존의 관습적 개념과 용어로 계산하고 조율함을 의미하며 종국에는 언어적 타성에 젖게 만든다. 따라서 분석 자체는 선입견과 전제를 수반하게 된다.

이러한 분석의 방식을 철저히 지양하는 제임스는 스토리 텔링을 통해 스트레더가 사물을 직관적이고 통합적으로, 현상학적 경험을 통해 장면(scene)을 기술한다. 윌리엄즈는 다음과 같이 언급한다.

이러한 방식으로 스트레더 역시 판단에 대한 일련의 상상적 실험에 종사하는데, 그 이유는 바로 이것이 판단 자체를 판단하고 원칙적으로 복잡한 예술가를 평가하는 유일한 수단이기 때문이다. 철학가는 초철학가의 상태를 요구한다. 더구나 그의 장면과 무대는 제임스의 철학 소설이 지닌 허구성을 주지시키는 기능을 한다.

In this way, Strether, too, engages in a series of imaginative experiments with judging, because this is the only possible means of judging the judgement itself, of assessing in principle the complicated artist−philosopher acquires the status of meta−philosopher. Moreover, his 'scene' and 'stage' serve as reminders of the fictionality of James's philosophical novel(89).

여기서 철학가의 허구성은 다음과 같은 "장면"에서 현실의 구체적 상황으로 극화(dramatize)된다.

드문 순간, 밤을 응시하면서 그는 어떤 것에 달려들 때, 그것은 대체로 더 깊이 생각해 보면 본질이 아닌 것으로 드러난다. 어떤 새로운 것이 나타났다는 생각이 들 때 혹은 이미 정리해 둔 것이 다시 나타났다는 생각이 들 때 그는 항상 즉시 필기를 해 두었다. 마치 그렇게 하지 않으면 무엇인가를 잃어버리게 될까 두려워하는 것처럼 말이다.

When at rare moments and in the watches of the night he pounced on one it generally showed itself to be－to a deeper scrutiny－not quite truly of the essence. When anything new struck him as coming up, or anything already noted as reappearing, he always immediately wrote, as if for fear that if he didn't, he would miss something(A 246).

"새로운 것이 나타나거나 이미 정리해 둔 것이 다시 나타났다는 생각이 들 때" 마치 잃어버리기라도 할 것처럼 즉시 필기하는 스트레더의 행동은 현상학적 기술에 다름 아니며, 이는 비트겐슈타인의 그래머에 의한 현상학적 조합 과정과 동일한 것이다. 여기서 제임스는 비트겐슈타인의 그래머 개념이 되는 "스스로 드러나는 사실의 잠정적 성격"을 극화된 장면 속에서 그대로 원용한다. 스트레더가 주어진 사물의 의미를 곰곰이 생각할 때 "그것은 더 깊이 생각해 보면 본질이 아닌 것으로 드러난다." 이때 "어떤 새로운 것이 나타났다는 생각이 들고 이미 정리해 둔 것이 다시 나타났다는 생각"이 들자 그는 이 새로운 의미, 즉 "스스로 드러나는 사실의 잠정적 성격"을 즉시 기술하게 된다.
　이렇게 제임스가 현상학적 기술을 스토리 텔링으로서 소설의 많은 장면 속에 투사할 때, 이러한 현상학에 기초한 그의 기술 정신은 기존의 다른 작가들이 구사하지 못한 전혀 새로운 언어 표현의 기교를 실험할 수 있게 해 준다.[19] 러복은 "그림을 그리는 자"(a picture-maker)(148)로서 스트레더의 마음은 "가시적이고 현상적, 극적"이라고 한다. 따라서 제임스가 활용하는 소설의 "언어는 최대한도로 확대되어 소설가가 고려할 수 있는 범위를 제시한다."(the language of the novel, extended to the point which it has reached, gives a possible scope to a novelist which he is evidently bound to take into account)(Lubbock 172-73). 즉 인간의 경험을 그림으로 극화시키는 기법이 그 한계에 도전하고 있으며, "소설의 언어를 구사하는 방식의 범위가 영구히 확장되었다."(the range of method for employing the language of novel is permanently enlarged)(172)는 러복의 지적처럼, 제임스는 결과적으로 언어 기교의 한계에 도전한 것이다. 즉 제임스의 현상학적 기술 정신은 새로운 눈을 통해 숨겨지거나 알려지지 않은 사실들을 포착하게 하며, 따라서 무한하게 새로운 이미지와 상징을 표현하도록 박차를 가한다. 같은 맥락에서, 의미란 그래머라고 주장하는 비트겐슈타인은 새롭고 비교조적인 언어 사용을 통해 언어적 독단을 무너뜨리고 새로운 어법을 창안한다. 이것이 바로 비트겐슈타인의 새로운 언어 게임의 창출인데, 이와 동일한 노정을 걷는 제임스는 이전의 작가들이 포착하지 못하고 전혀 말해 보지 못한 새로운 어법을 구사하고 따라서 독자들도 세계를 다르게 볼 수 있도

---

19) 이러한 맥락에서 현상학과 영미 모더니즘과의 상관관계를 살펴볼 수 있을 것이다. 사물 그 자체를 직관적 감각에 경험하는 그대로 참신하고 새로운 언어로 묘사하는 이미지즘 방식과, 제임스의 현상학적 방법에 입각한 의식의 중심을 확대시킨 조이스와 울프의 의식의 흐름 기법 소설은 현상학적 직관에 의한 기술의 연장선상에 있다고 볼 수 있다.

록 유도한다.

　제임스가 이전까지와 전혀 다른 소설의 형식과 스타일(style)을 창
조하고 확대시킨 작가라는 평가를 받는 것은 이러한 근거에서다. 그
는 현상학적 방법론으로 미지의 세계에 대한 창조적 작업을 수행한
것이다. 그래서 윌리엄즈는 "스타일은, 화가가 살아가며 창조적 활동
을 수행하는 세계와 자신 사이의 상호 작용을 기록한 것으로 간주될
수 있다."(Style can, therefore, be seen as a register of the interaction
between the painter and the world in which he lives and exercises
his creative activity)(89)고 말한다. 제임스는 이를 소설 『사자들』의
창작을 통해 증명해 보인다.

　철학적 탐사와 극적인 전개가 불가분 혼연일체를 이루어 효과적으
로 동일한 작업이 되고 있는 『사자들』의 유기적 통합 구조에 무엇인
가를 덧붙인다는 것은 화사첨족이 될 것이다. 스트레더의 극 중 대사
'할 수 있는 모든 삶을 경험하라 ……'는 결코 현실과 유리된 이론이
아니다. 그것은 이 울렛 대사가 모험을 펼치고 이 모험으로 말미암아
확대된 그의 인식의 지평에서 빚어진 말이다.

　Little could be further from the integrated structure of *The
Ambassadors*, where the philosophical exploration and the dramatic
development are inseparably fused, are effectively the same enterprise.
Strether's 'Live all you can ……' speech is not just detached theorizing.
It is generated by the unfolding of the Woollett ambassador's
adventure and the related increase in his perceptions(Williams 80).

이와 같이, 제임스는 놀랍도록 새롭고 혁신적인 관점으로 세계를 다시 발견하고 명명하는 현상학적 환원의 기교를 통해 이미 확립된 개념적 구조에 도전하며 철저한 탐사를 통해 현실이 지닌 다양한 가능성을 새로운 언어로 조형한다. 이와 같은 방식으로 세계를 재창조하는 제임스는 단순한 사실들을 원료로 삼아 놀라운 픽션으로 형상화한다.

이런 관점에서 제임스는 숨겨진 의미를 포착하고 기술하는 비트겐슈타인의 "뎁스 그래머"(depth grammar)(Gier 213)로서의 언어 개념을 소설 창작을 통해 구현한 것이라 볼 수 있다. 비트겐슈타인에 따르면, 우리 또한 현실 세계에서 우리 자신과 기존의 획일적인 의미와 언어 사이에 비판적인 거리를 취해야 한다(Gier 212). 왜냐하면, 상투어를 포함한 우리의 일상적 언어 습관에 따른 피상적 구문과 의미들은 진짜 의미 혹은 제임스가 스트레더의 입을 통해 지적한 "진짜의 것"(the real thing), 즉 기호론 측면에서의 진짜 내용을 호도하기 쉽기 때문이다.[20] 따라서 우리의 일상생활에서 일상적 언어는 우리의 진짜 마음을 감금시킬 수 있는데, 그것은 이 언어가 우리를 제한된 시각과 의미에 얽매어 두기 때문이다. 그래서 비트겐슈타인은 우리의 마음을 이러한 속박으로부터 자유롭게 하려면 비관습적인 표식법이 필요하다고 역설한다(*The Blue and Brown Books* 59). 제임스의 문체적 특징은 이러한 관점에서 조명될 수 있다. 그가 기술 정신을 발휘하여 숨겨지거나 알려지지 않은 의미와 사실을 새로운 언어

---

20) 그 이유는, 하이데거와 비트겐슈타인도 지적했듯이, 의미와 본질은 화석화될 수 없으며 삶의 세계가 가진 특정한 문맥 속에서 계속 새롭게 발생하기 때문이며, 그래서 기존에 주어진 개념과 언어로 옮겨질 수 없다.

적 표식으로 구현했다는 점에서 그의 문체와 언어 표현은 비관습적인 것이다.

그렇다면 제임스는 어떻게 구체적인 형식을 통해 철학적 탐사로서의 스토리 텔링을 보여주고 있을까? 윌리엄즈는 제임스가 픽션적 상황과 연속적으로 예시하는 현상학의 공존을 통해 후기 제임스적 내러티브의 미묘한 개념이 갖는 지점을 정확히 밝히면서, 충분히 형상화된 철학적 구조에 확실한 구체성을 부여해 준다고 지적한다(19). 즉 내러티브 구조는 현상학적 방식으로 진화되고 극화되는데, 스트레더가 채드와 비오네 부인의 관계를 이해하기까지의 과정 속에 있다. 따라서 그는 다음과 같은 구체적 장면을 극화한다.

'그러면 그들은 왜 그렇게 좋은 건가?' '뭐라고요? 글쎄요, 그건 제가 그녀를 한번 만나보라고 간곡히 부탁하듯이, 당신이 가보면 알 수 있는 건데요.' 스트레더는 창백한 표정으로 그를 응시했지만, 틀림없이 뭔가 더 알아낸다고 생각하면 이내 사라질 법한 창백함이었다. '내 말은 그들이 얼마나 좋은 사람들이냐는 거네.' '아, 대단히 좋은 사람들이죠.' 다시 한 번 스트레더는 움찔했지만 짧은 순간이었다. 다 좋았지만 지금은 그가 모험을 걸고 싶은 무엇인가가 있었다. '실례하네만, 내가 먼저 말을 걸었으니, 지금 내 마음 상태를 꼭 알아야겠네. 그녀는 나쁜 사람인가?' '나쁘냐구요?' 채드는 이 말을 되풀이했지만 충격은 없었다. '바로 이것이 당신의 질문이었나요?' '두 사람이 좋은 관계일 때 말인가?' 스트레더는 조금 바보처럼 느꼈고 결국 채드가 이런 말을 꺼내도록 유도했다는 생각에 바보스러운 비웃음을 짓는 자신을 의식했다. 대체 그는 무엇에 대해 이야기하고 있었던가? 그의 응시는 이내 사라졌다. 지금 그는 주위를 둘러보았다. 하지만 그의 내부에서 어찌 떨쳐낼지 모를 어떤 생각이 그를 뒷걸음치게 했다. 그가 생각하는 두세 가지 방식들, 그중에서 특히 한 가지가 주저할 것 없이 너무 추한 것이었다. 그럼에도 그는 마침내 중요한 것을 발견했다. '그녀의 삶은 나무랄 데가 없나?' 그는 즉시 이 질문이 얼마나 주제넘고 건방진 것인지 깨달았다. 너무나 깊은 깨달음이라 그는 채드가 흥분하지 않고 이 질문을 받아준 것에 감사했다. 즉시 이 젊은이는 실제로 아주 담담하게 대꾸했기 때문이다. '전혀 나무랄 데가 없어요. 아름다운 삶이죠!' 이 마지막 말은 글자 그대로 너무나 확신에 찬 것이어서 스트레더는 차마 동의도 하지 못했다.

'And what is it that makes them so good?' 'What? Well, that's exactly what you'll make out if you'll only go, as I'm supplicating you, to see her.' Strether stared at him with a little of the wanness, no doubt, that the vision of more to 'make out' could scarce help producing. 'I mean how good are they?' 'Oh awfully good.' Again Strether had faltered, but it was brief. It was all very well, but there was nothing now he wouldn't risk. 'Excuse me, but I must really－as I began by telling you－know where I am. Is she bad?' "bad"－Chad echoed it, but without a shock. 'Is that what's implied－?' 'When relations are good?' Strether felt a little silly, and was even conscious of a foolish laugh, at having it imposed on him to have appeared to speak so. What indeed was he talking about? His stare had relaxed; he looked now all around him. But something in him brought him back, though he still didn't know quite how to turn it. The two or three ways he thought of, and one of them in particular, were, even with scruples dismissed, too ugly. He none the less at last found something. 'Is her life without reproach?' It struck him, directly he had found it, as pompous and priggish; so much so that he was thankful to Chad for taking it only in the right spirit. The young man spoke so immensely to the point that the effect was practically of positive blandness. 'Absolutely without reproach. A beautiful life. Allez donc voir!' These last words were, in the liberality of their confidence, so imperative that Strether went through no form of assent(*A* 230−31).

처음에 채드와 스트레더는 서로 의사소통을 하는 데 어려움을 느낀다. 그들은 비오네 부인에 대해 이야기할 때 각자 상대방의 이야기를 이해하지 못한다. 채드의 삶의 문맥이 스트레더의 것과 서로 다르기 때문이다. 비트겐슈타인의 삶의 양식 및 언어 게임의 개념에 따르면, 채드와 스트레더가 서로를 이해하지 못하는 이유는 그들이 서로 다른 삶의 양식과 언어 게임을 지니고 있기 때문이다. 따라서 스트레더는 자신이 사용하는 말, 즉 자기 삶의 양식이 표현되는 언어 게임 내에 채드가 전달하고자 하는 의미를 포괄할 수 없다. 왜냐하면 언어의 한계는 곧 세계의 한계이기 때문이다. 스트레더가 채드와 의사소통을 하고 그와 비오네 부인의 대화에 동참하려면, 그들의 삶의 양식과 언어 게임이 구체적으로 명시되는, 그들이 사용하는 말을 이해해야 한다. 비트겐슈타인에 따르면, 언어 자체가 바로 삶이며 언어의 형식 및 언어 게임 자체는 삶의 양식이 된다(Gier 19−20). 따라서 삶에 대한 이해는 언어 자체에 대한 이해와 동일한 과정이라 볼 수 있다.

그래서 스트레더가 파리를 보고 경험하며 결국 채드를 이해하고 함께 대화할 수 있도록 도와주는 인물로 마리아 고스트리(Maria Gostrey)가 설정된다.

'당신이 지금까지 걸어온 것만큼 앞으로 나아간다면, 알아낼 거예요. 사실 내 운명은 너무 벅찬 것이었지만 난 그것에 충실했어요. 난 유럽을 소개해 주는 사람이에요, 모르셨나요? 난 사람들을 기다렸다가 데리고 오죠. 사람들을 데려다가 정착시켜요. 일종의 우수 여성 가이드인 셈이죠. …… 결국 난 국민 의식이라는 커다란 짐을 지고 있어요. 말하자면, 우리 국민 그 자체라는 커다란 부담 말이에요.'

'If you'll only come on further as you have come you'll at any rate make out. My own fate has been too many for me, and I've succumbed to it. I'm a general guide―to 'Europe' don't you know? I wait for people―I put them through. I pick them up―I set them down. I'm a sort of superior 'courier―maid' …… I bear on my back the huge load of our national consciousness, or, in other words―for it come to that―of our nation itself.'(A 65―66)

스트레더가 채드, 비오네 부인과 제대로 의사소통하려면, 삶의 양식의 구체적 발화인 그들의 언어를 이해해야 한다. 그래서 스트레더는 파리 문화의 안내자인 마리아로부터 비오네 부인을 만나라는 권유를 듣는다. 비오네 부인에 대한 이해는 파리라는 새로운 삶의 양식과 언어 게임을 배우고 이해하는 한 방편이 된다. 마리아는 계속해서 스트레더에게 비오네 부인을 만나 알아가고 이해할 것을 권고한다. 스트레더가 그녀를 알게 된다는 것은, 파리라는 새로운 삶의 양식과 언어 게임을 배우고 이해하게 된다는 것을 의미하기 때문이다.

한편, 스트레더의 친구 웨이머쉬는 뉴섬 부인(Mrs. Newsome)의 입장에 편승하여 울렛의 가치관을 계속 고집하는 인물이다. 비록 그는 유럽 문화를 경험했음에도 파리의 언어와 삶의 방식을 배우고 동화하려 하지 않는다. 다음과 같은 장면은 언어 게임과 삶의 양식에 있어 울렛과 파리의 차이가 각 구성원 간의 의사소통을 불가능하게 함을 보여준다.

단지 그녀가 웨이머쉬와 무엇을 했는지 물어보는 데만 그는 편안함을 느꼈다. 그러나 웨이머쉬는 비오네 부인과 다른 방에서 대화를 나누고 있었다고 그녀가 대답하자 그는 조금이나마 궁금증의 실마리를 잡은 것처럼 생각했다. 그는 한순간 이렇게 동시에 일어난 일에 대해 생각해 보았다. 그리고는 배러스 양을 위해 다음과 같이 질문했다. '비오네 부인은 너무 매력이 없는 거요?' '아뇨, 매우 매력적이에요.' 배러스 양은 빨리 대답했다. '비오네 부인은 웨이머쉬와 아무것도 할 수 없어요. 그래서 그녀는 정말 따분해 한답니다. 그녀는 그와 함께 당신을 도우려고 하지 않아요.' '오' 스트레더는 웃었다. '그녀가 모든 것을 다 할 순 없어요.' '물론 그렇죠, 아무리 그녀가 훌륭하다 해도. 게다가, 웨이머쉬 또한 그녀와 아무것도 할 수 없지요.'

He could take refuge but in asking her what she had done with Waymarsh, though it must be added that he felt himself a little on the way to a clue after she had answered that this personage was, in the other room engaged in conversation with Madame de Vionnet. He stared a moment at the image of such a conjunction; then, for Miss Barrace's benefit, he wondered. 'Is she too then under the charm —?' 'No, not a bit' — Miss Barrace was prompt. 'She makes nothing of him. She's bored. She won't help you with him.' 'Oh' Strether laughed, 'she can't do everything.' 'Of course not — wonderful as she is. Besides, he makes nothing of her.'(*A* 250)

즉 웨이머쉬와 비오네 부인은 "서로 아무것도 할 수 없는" 사이가 된다. 그들이 적절히 대응하고 소통할 수 있는 공통점이 전혀 없기 때문이다. 그래서 스트레더의 의식 속에 비춰진 웨이머쉬의 모습은 채드와 비오네 부인과의 관계를 파리의 생활양식과 언어 게임의 일부로 이해하지 못하고 이 관계에 대해 "신성한 분노"를 노출하는 것으로 나타난다.

단도직입적이면서도 단순한, 무거우면서도 텅 빈 듯한 무엇인가가 이 교제에 교차되었다. 이것은 사실 스트레더가 가장 잘 알고 있는 그의 특징이기도 했다. 웨이머쉬는 어쨌든, 때로 일어나는 신성한 분노라는 치장과 권리 없이는 그의 친구가 될 수 없을 것이다.

Something straight and simple, something heavy and empty, had been eclipsed in its company; something by which he had best known his friend. Waymarsh wouldn't be his friend, somehow, without the occasional ornament of the sacred rage, and the right to the sacred rage(*A* 410).

"신성한 분노"란 울렛의 진위 판단을 파리의 삶의 양식에 적용시킨 결과로 일어나는 감정이다. 다시 말해 울렛의 관점에서 보면, 채드와 비오네 부인의 관계는 "나쁘고" 부도덕한 것이며, 결코 "고결한 애정"(virtuous attachment)(*A* 187))이 아닌 것이다. 그러나 웨이머쉬가 울렛의 언어 게임과 삶의 양식이라는 잣대로 파리를 재단한 결과 얻은 이러한 견해는 현상학적 방식 위에 구성되는 내러티브 구조상 부당한 것으로 판명된다. 웨이머쉬의 판단은 일정한 범주를 벗어나면 설득력이 없어지는 울렛이라는 하나의 언어 게임에 지나지 않으며 동시에 무수한 언어 게임들이 존재할 수 있음이 드러나는데, 이를 제임스는 구체적인 장면들을 극화함으로써 보여준다.

❸ 현상학적 방식에 의해 극화되는 의미

『사자들』에서 스트레더는 미국 출신의 초로의 신사로 등장하고 그의 시각을 통해서만 장면과 사건, 인물이 묘사된다. 그래서 스트레더의 시점은 일종의 현상학적 괄호 넣기이며 스트레더라는 의식의 중심에 포착되는 대로 장면들이 기술된다. 자신의 아들을 울렛으로 데려와 달라는 뉴섬 부인의 부탁을 받고 파리로 간 스트레더는, 고지식한 울렛 사람들이 피상적으로 내린 채드에 대한 판단을 중지하고, 있는 그대로의 채드의 모습을 괄호에 넣는다. 따라서 그는 다른 시각으로 채드를 관찰하고 이해하게 된다.

채드는 구릿빛의 강한 모습이었는데, 옛날의 그는 거친 데가 있었다. 그래서 사실상 그의 유연함이 차이점이라면 차이점이랄까? …… 왜냐하면 그의 유연한 태도는 소스를 맛볼 때나 손을 비빌 때 뚜렷이 나타났기 때문이다. 유연함의 효과는 그의 몸 전체에서 드러났다. 그의 유연함은 그의 용모에서 재확인되고 더욱 선명한 윤곽을 자아냈다. 그것은 그의 눈빛을 맑게 하고 침착한 안색을 지어내며, 그의 얼굴에서 가장 멋진 네모반듯하고 고른 치아를 빛나게 했다. 동시에 이 유연함은 …… 목소리조차 돋보이게 하고 안정된 악센트를 구사하게 하며 더욱 풍부한 미소로 다른 동작은 절제하게 했다. 사실 이전에 그는 많은 동작과 행동을 하고도 극히 일부만을 표현했다. 지금의 그는 아무런 동작 없이도 전달하고자 하는 뜻을 표현했다. 간단히 말해 풍성했지만 엉성했던 그가 견고한 틀을 잡아 훌륭한 모습을 드러낸 것이라고 할 수 있었다.

Chad was brown and thick and strong, and of old Chad had been rough. Was all the difference therefore that he was actually smooth? …… for that he was smooth was as marked as in the taste of a sauce or in the rub of a hand. The effect of it was general－it had retouched his features, drawn them with a cleaner line. It had cleared his eyes and settled his color and polished his fine square teeth－the main ornament of his face; and at the same time …… it had toned his voice, established his accent, encouraged his smile to more play and his other motions to less. He had formerly, with a great deal of action, expressed very little; and he now expressed whatever was necessary with almost none at all. It was as if in short he had really, copious perhaps but shapeless, been put into a firm mould and turned successfully out(*A* 166-67).

이렇게 스트레더의 의식에 "스스로 드러나는 사실의 잠정적 성격", 즉 채드의 모습은 울렛 사람들이 생각하듯 타락하거나 천한 것이 아니고 오히려 부드럽고 훌륭한 신사의 이미지다. 말하자면, 스트레더는 자신이 태어나고 자라난 뉴잉글랜드의 고지식한 가치관이 낳은 채드에 대한 피상적 판단에 괄호를 치고 보이는 그대로 그를 읽어낸다. 따라서 스트레더는 울렛 사람들의 시각을 대폭 수정해야 할 필요성을 느낀다. 그런데 이러한 수정은 울렛의 관습적 의식과 언어의 변화를 수반하는 것이다. 이 변화 과정에서 스트레더는 울렛의 가치관과 언어 게임에 맹목적으로 순종하는 것이 아니라, 비트겐슈타인의 소위 "언어에 대한 비판"(critique of language, Sprachkritik)을 수행하게 되는데, 이는 그의 의식의 중심에 의해 실행된다. 이 작업이 바로 스트레더가 울렛의 관습적 가치관에 괄호를 치고 울렛의 언어 게임에 의해 채드를 판단하는 것을 중지하는 과정이 된다. 윌리엄즈는 이 어려운 과정을 통해 스트레더가, 여성들에게 유혹당하는 채드에 대한 잠정적 견해에서 이교도로 그리고 최종적으로는 신사로 변모하는 인식의 혁신을 꾀하는 그의 능력을 드러내 준다고 말한다 (62). 이 과정에서 현상학적 직관으로 "진짜의 것"을 꿰뚫어 본 스트레더는 채드를 전혀 다르게 인식하게 된다.

스트레더는 거울 앞에서 성장을 마치면서 이 마지막 견해에 대한 증거를 곰곰이 생각해 보았다. 채드는 불가사의하게도 파리에 잘 어울려 보였을까? 아마도 파리에는 경이로운 채드의 눈에 들어오는 무엇인가 있었을 것이다. ······ 이 판단은 결국 그의 결정에 계기를 마련했다. 그리고 이것은 뜻하지 않게 자신이 지혜롭다는 걸 증명했다. 그의 생각은 명백하게 그 자신이 생각하는 것보다 더 그의 내부에서 빛나는 한줄기 빛처럼 확실했다. 그의 확실함은 정말, 보이는 그대로 채드를 대면하는 그의 태도에서 알 수 있듯이 약간은 타협적인 것이었다. 그래도 채드의 고상한 품성의 비밀이 바로 흐트러지지 않는 그의 자제심에 있었기에, 그의 타협적인 태도는 좋은 상황이 되었다.

Strether, at his glass, finished dressing; consulting that witness moreover on this last opinion. Was he looking preternaturally fit? There was something in it perhaps for Chad's wonderful eye, but he had felt himself for hours rather in pieces. Such a judgement, however, was after all but a contribution to his resolve; it testified unwittingly to his wisdom. He was still firmer, apparently－since it shone in him as a light－than he had flattered himself. His firmness indeed was slightly compromised, as he faced about to his friend, by the way this very personage looked－though the case would of course have been worse hadn't the secret of personal magnificence been at every hour Chad's unfailing possession(*A* 288－89).

제임스는 이러한 "사실의 잠정적 성격"의 현상학을 소설의 여러 장면 속에서 성공적으로 극화시키면서 스토리 텔링의 동인으로서 활용한다.

그녀가 약간은 이상하지만 매력적인 영어를 말할 때 그는 그녀를 가장 잘 알 수 있었는데, 수백만의 사람들 가운데서도 그녀가 두드러지는 것은 아름답고 쉬운 그녀만의 언어, 특별한 음영을 드리우며 모방할 수도 없고 시시 때때로 달라지는 색채와 리듬을 지닌 그녀만의 언어의 독특함 때문이다.

When she spoke the charming slightly strange English he best knew her by he seemed to feel her as a creature, among all the millions, with a language quite to herself, the real monopoly of a special shade of speech, beautifully easy for her, yet of a colour and a cadence that were both inimitable and matters of accident(*A* 464).

스트레더가 비오네 부인을 가장 잘 알 수 있는 순간은, 그녀가 "모방할 수도 없고 시시 때때로 달라지는 색채와 리듬"을 지닌 영어를 말할 때이다. 그녀가 "약간은 이상하지만 매력적인 그녀만의 영어"를 구사하는 모습은 "스스로 드러나는 사실의 잠정적 성격"인데, 이렇게 비오네 부인의 본질이 포착되는 스트레더의 의식의 중심은 비오네의 실체에 대한 현상학적 환원이 이루어지는 장소가 된다.

그렇다면 스트레더가 어떻게 의식의 중심 시점에서 울렛의 언어를 비판하며 결정적으로 파리의 삶의 양식을 직관하게 될까? 제임스는 다음과 같은 장면을 극화시킴으로써 이 과정을 보여준다.

'단지 기다리고만 있네' 이 말에 채드는 그에게 미소를 지어보였다. '고스트리 양을 만나려구요?' '아니네. 고스트리 양조차도 기다리지 않네. 어느 누구도 만나길 기다리지 않았네. 단지 지금까지 내 마음을 정할 때까지 기다려 왔네. 절대 고독 속에서 말이네. 물론 난 절대적으로 자네가 준 정보 덕을 보았기 때문에, 이 정보를 거의 다 짜 맞추어 갔네. 그러니 조금만 더 나를 참아주게. 기억하게나' 스트레더는 계속 이야기했다. '이건 자네가 원래 내게 원했던 일 아닌가. 자네도 보듯이, 난 지금 그걸 가졌네, 그러니 무슨 일이 일어날지 자넨 볼 걸세. 나와 함께 머물러 주게.' 채드는 심각해 보였다. '얼마나 더요?' '글쎄, 내가 자네에게 표시를 할 때까지 말이네……'

'Only waiting' — and Chad, with this, had a smile for him — 'to see Miss Gostrey?' 'No — not even Miss Gostrey. I wasn't waiting to see any one. I had only waited, till now, to make up my mind — in complete solitude; and, since I of course absolutely owe you the information, was on the point of going out with it quite made up. Have therefore a little more patience with me. Remember' Strether went on, 'that that's what you originally asked me to have. I've had it, you see, and you see what has come of it. Stay on with me.' Chad looked grave. 'How much longer?' 'Well, till I make you a sign ……'(A 293)

여기서 스트레더는 파리의 언어 게임과 삶의 양식을 보고 말하려 하는데, 이 과정은 새로운 개념과 사물을 조합하는 작업이 필요하게 된다. 따라서 스트레더는 이를 "정보를 짜 맞추어 가는"(with it quite made up) 과정이라고 표현한다. 스트레더가 채드와 비오네 부인을 이해하려면, 채드와 비오네, 마리아와 그 자신에게서 얻은 정보를 조합하는 과정을 거쳐야 한다. 그래서 그는 채드에게 이 새로운 정보와 사실들을 다 구성하고 짜 맞추어 마음을 정리할 때까지 기다려 달라고 말한다. 스트레더가 이 조합 과정을 끝내기만 하면 그는 파리의 언어 게임에 동참할 수 있게 되고 바로 이때 채드에게 표시를 할 수 있는 적정한 시기가 된다. 따라서 윌리엄즈는 다음과 같이 말한다.

이것이 스트레더의 이중 의식이 지닌, 천재에 육박하는 독자적 재능이 된다. 순간적 사건에 완전히 함몰된다고 생각되는 비오네 부인과는 다르게, 스트레더는 거리 두기와 동참하기, 이론적인 거리 두기와 체험적인 실천을 양면적으로 병행할 수 있다. 여기서 다시 한 번 노에시스와 노에마라는 현상학의 주장은 타당한 것으로 판명된다. 즉 스트레더는 이 특별한 여성을, 주위 환경이라는 전체 문맥 속에서 그녀가 보이는 그대로 그리고 그가 그녀와 반응하는 대로 판단하게 된다. 이러한 관점에서, 의미를 향한 철학적 탐색은 새로운 국면을 띠게 된다. 왜냐하면, 스트레더가 확립한 해석은 그의 깊은 인간적 지각으로 한 번에 꿰뚫어 낸 것이고, 관용과 공감으로 추진력을 얻은 것이다. 이러한 작업은 어떠한 금제적 전제 개념 없이 세계를 재발견하기 위해 세계에서 뒤로 물러나는 과정에 다름 아니다.

This is the unique talent, a talent amounting almost to genius, of Strether's double consciousness. Unlike Mme de Vionnet, who finds herself totally involved in the events of the moment, Strether can exercise this special blend of detachment and commitment, of theoretical distanciation and personal dedication. Once again, the phenomenological notion of noesis and noema proves relevant: he judges the particular woman, both as she appears and as he responds to her, in the full light of the surrounding circumstances. In this respect, the philosophical search for meaning takes on a new resonance, for the interpretation that Strether establishes is one shot through with the consequences of his deeply humane perception, quickened by generosity and pitying wonder. This is very much a case of standing back from the world in order to rediscover the world without any inhibiting prior conceptions(73).

즉 스트레더의 조합 과정의 원료가 되는 개별 현상에 대한 해석은 현상학적 방식에 기초한 비트겐슈타인적 개관에 의해 "한 번에 꿰뚫어 낸 것"이다. 이 개관은, 말하자면 스트레더로 하여금 의미의 새로운 장을 열게 하고 기존의 "어떤 전제 개념 없이 세계를 재발견"하도록 하는 원동력이 된다. 비트겐슈타인의 로직 개념에 대해 전술했듯이, 전통적 로직 개념에 입각한 언어 게임이 화석화된 개념과 용어로 점철된 규정의 언어라면, 그의 획기적인 로직 개념 위에 수립된 새로운 언어 게임은 기술의 언어이다. 말하자면, 이 규정적인 해석의 패러다임은 우리를 가두는 하나의 감옥 같아서 숨겨지거나 알려지지 않는 것들을 놓치게 한다. 그래서 이렇게 숨겨지거나 발견되지 않은 것들에 언표 혹은 이름을 부여해야 할 필요가 생기는데, 이 작업을 위해서는 기존의 관점들이 새롭게 바뀌어야 하며 이 새로운 시각을 통해 스트레더가 직관적 통찰을 얻는 것처럼 지금껏 말해지지 않는 사물과 국면이 발견되고 조합되며 기술된다. 이것이 바로 새로운 언어의 사용일 것이다.

그리고 이러한 작업은 바로 『비트겐슈타인과 현상학』에서 기어가 새롭게 정의하고 있는 로고스(logos) 개념에 의해 실제적으로 수행될 수 있다. 기어에 따르면, 그리스어 "logos"는 "lego"에서 파생된 동사적 명사인데, 여기서 "lego"는 "모으다, 수집하다, 줍다, 조합하다"(gather, collect, pick up, put together)를 뜻하고, 이것이 후에는 "말하다"(say, speak)로 그 의미가 심화된다(185). 따라서 어원적으로 볼 때, 조합의 과정은 이미 언표 행위를 의미하며 새로운 사실을 조합하면서 이루어지는 언어적 표식, 즉 기술은 새로운 언어를 창출하는 과정이 된다. 이어서 기어는 조합 과정은 근본적으로 "넓은 의미의 이성"(broad reason)에 의해 실행된다고 설명하는데, 이 넓은 이성은 근본적으로 전통적인 "엄격한 이성"(strict reason)과는 완전히 다르다고 말한다. 왜냐하면 후자의 논리는 과학적이고 수학적인 원칙에 기초되어 있기 때문에 마치 사회 법규처럼 엄격히 준수되어야 하기 때문이다. 무엇보다, 아리스토텔레스(Aristotle) 이후 소위 "비모순"(non-contradiction)의 근본적인 규칙을 준수하면서 발전해 온 이 엄격한 이성은 본질적으로 분석적인 반면, 넓은 이성은 소크라테스(Socrates) 이전의 철학자들이 주장한 것으로 이 비모순의 법칙을 반드시 지키지는 않았고, 이 조합의 방식을 사용하기 때문에 본질적으로 통합적인 것이다(185-87).

그러므로 스트레더는 이 넓은 이성을 발휘하여 파리의 언어 게임을 나름대로 "조합"(lego, put together)하려고 한다. 스트레더는 이 조합의 과정을 거치면서 자연스럽게 채드와 비오네 부인, 그리고 두 사람의 관계에 대한 시비가 과연 울렛의 도덕적 잣대로 결정될 수 있을까 의아심을 갖는다.

이 희생 방식은 어쨌거나 다른 것과 마찬가지로 이 경우에는 들어

맞았다. 때문에 그는 다행스럽게도 어느 영역 내에서 어떻게 세상의 삼라만상이 미궁 속에 빠질 수 있는지 충분히 이해했다. 필시 이 문제들을 피하고 답하지 않는 것, 그리고 냉철한 외부의 시각에서 다루지 않는 것은 비겁한 일이었다. 하지만 그 자신의 망각은 너무 찰나적이고 소용없는 것이어서 자신 외에 어느 누구도 해를 입지 않았다. 그는 사람들을 만나면서, 신비하고 불안한 어떤 사람들, 또 틈틈이 관찰한 결과 도덕과는 거리가 먼 사람들로 간주한 사람들에 대해 막연하고 변덕스러운 친절을 보여주었다. 도덕이란 냉철한 시각에서 보면, 바깥에 있었고 부도덕 역시 그랬다. 그러나 도덕은 공기 가득 찬 긴 복도와 밝은 제단에서 보면, 부도덕과 마찬가지로 부재했다.

This form of sacrifice did at any rate for the occasion as well as another; it made him quite sufficiently understand how, within the precinct, for the real refuge, the things of the world could fall into abeyance. That was the cowardice, probably—to dodge them, to beg the question, not to deal with it in the hard outer light; but his own oblivions were too brief, too vain, to hurt any one but himself, and he had a vague and fanciful kindness for certain persons whom he met, figures of mystery and anxiety, and whom, with observation for his pastime, he ranked as those who were fleeing from justice. Justice was outside, in the hard light, and injustice too; but one was as absent as the other from the air of the long aisles and the brightness of the many altars(*A* 272−73).

이 장면의 스토리 텔링에서는 비트겐슈타인의 언어 게임이 가진 진위 개념이 효과적으로 극화된다. 스트레더의 의식의 중심에 포착된 문제는 하나의 언어 게임과 삶의 양식이 과연 보편적인 것인가, 또 그 진위가 객관적으로 결정될 수 있는가이다. 비트겐슈타인에 따르면 가장 보편적인 논평은 기껏해야 한 체계의 파편과 같은 것을 도출할 뿐인데(*Philosophical Investigation* 228), 이는 한 언어 게임의 기술이 보편적일 수 없음을 의미한다. 그리고 한 언어 게임은 그 자체 내에서 고유한 의미와 진위를 결정할 수 있는 자치체이다.[21] 따라서 이 언어 게임의 범위 밖에서 외부적으로 그 진위를 결정할 수 없는 한편, 이 언어 게임이 내적으로 의미가 통하면 인증을 얻게 된다. 그렇다면, 언어 게임이란 복수성과 타자의 공존을 전제하고 있음이 드러난다. 비트겐슈타인도 1932년 캠브리지(Cambridge)의 한 강연에서 이를 지적하고 있다. "한 스타일은 우리에게 만족을 주지만 여느 다른 스타일 정도로만 합리적일 뿐이다."(*Lectures, Cambridge 1930-32* 104). 그래서 스트레더는 "이러한 희생 형식", 즉 파리의 삶의 양식의 한 부분을 울렛의 시각으로 다룬다는 것이 "비겁함"을 깨닫는다. "냉철한 외부의 시각에서"란 울렛의 관점 밖의 파리의 관점에서, 그리고 "냉철한 외부의 시각에서 다루지 않는 것"은 파리의 시각에서 파리의 삶을 다루지 않는 것, 즉 울렛의 시각으로 파리의 삶의 양식을 평가하는 것이다. 울렛의 시각으로 파리를 재단하는 비겁한 행동을 하지 않는 스트레더는 채드와 비오네 부인을 포함한 파리 사람들, 즉 울렛의 가치관으로 볼 때 "도덕과는 거리가 먼" 것으로 간주되어 온 사람들을 백안시하지 않는다. 마침내, 스트레더의 의

---

21) 비트겐슈타인에 의하면 언어 게임들은 각기 구별되어 있는 자치체이며 한 언어 게임이 다른 언어 게임과 겹쳐질 수 없고, 하나가 다른 언어 게임을 비평하기 위해 사용될 수 없다(Gier 219).

식에는 "도덕과 부도덕이란 냉철한 시각에서 보면 외부에 있다."는 생각이 든다. 즉 그는 도덕과 부도덕, 즉 파리의 삶의 양식과 그 고유한 언어 게임의 진위는 울렛의 그것 밖에 있어서 울렛의 관점으로는 결정될 수 없음을 깨닫는다.

따라서 자신에게 파리의 문화와 삶의 양식을 소개하고 많은 정보를 주는 가이드 역할을 맡아온 마리아가 부재할 때, 스트레더는 스스로 잡다한 사실들을 "조합"(putting various things together)한다. 이와 동시에 마리아 없이도 "혼자서 거닐게" (toddling alone) 되는 단계에 도달한다.

'다시는 당신을 떠나지 않기로 약속할 게요, 하지만 이젠 내가 당신을 따라가야겠지요. 당신은 이제 힘을 얻었으니 혼자서 거닐 수 있어요.'

재치 있게도 스트레더는 이를 인정했다. '그렇소, 나도 걸을 수 있다고 생각해요. 사실 나의 이런 모습 때문에 웨이머쉬는 화를 냈소. 그는 내가 걸어간다고 생각하는 이 길을 더 이상 참아주지 못해요. 이건 그의 원래 감정이 극에 달한 것일 뿐이오. 그는 내가 이 길을 멈추길 원하고 있소. 틀림없이 그는 내가 파멸할 위험에 처해 있다는 편지를 울렛 사람들에게 썼을 거요.'

'아 좋군요' 그녀는 중얼거렸다. '하지만 그건 단지 당신의 추측일 뿐이죠?'

'내가 알아낸 사실이오. 상황이 설명해 주고 있소.'

'그럼 그는 그걸 부인하던가요? 아님 당신이 그에게 물어보지 않았나요?'

'난 시간이 없었소' 스트레더는 대답했다. '하지만 어젯밤 나는 잡

다한 사실들을 조합하면서 알아냈소, 그 이후론 난 그와 얼굴을 한 번도 마주치지 않았소.'

'Well, I promise you not again to leave you, but it will only be to follow you. You've got your momentum and can toddle alone.'

He intelligently accepted it. 'Yes—I suppose I can toddle. It's the sight of that in fact that has upset Waymarsh. He can bear it—the way I strike him as going—no longer. That's only the climax of his original feeling. He wants me to quit; and he must have written to Woollett that I'm in peril of perdition.'

'Ah good!' she murmured. 'But is it only your supposition?'

'I make it out—it explains.'

'Then he denies?—or you haven't asked him?'

'I've not had time' Strether said; 'I made it out but last night, putting various things together, and I've not been since then face to face with him.'(*A* 296−97)

이러한 새로운 인식으로 혼자 걸을 수 있게 된 스트레더가 채드를 귀국시키는 대사로서의 임무를 수행하지 못할 것을 알게 된 뉴섬 부인은 그 대신에 포콕 부부를 파리로 급파한다. 하지만 스트레더는 이 임무에서 자유로워졌음에도 파리를 떠나려 하지 않는다. 채드의 귀국령이라는 임무가 포콕 부부에게 맡겨진 상황에서, 파리 체제 이유를 묻는 마리아에게 그 어느 때보다 명석해진 스트레더는 다음과 같이 선언하기에 이른다.

'단지 내가 공정하게 평가하는 걸 보기 위해서요. …… 새로운 사실들, 우리의 낡은 이성으로는 점점 더 해결할 수 없는 것으로 생각되는 사실들을 접하면서 나는 나 자신을 발견하러 왔소. 전적으로 문제는 단순해요. 새로운 사실들 그 자체만큼이나 새로운 이성이 필요한 거요. 울렛에 있는 우리 친구들, 채드의 친구들과 내 친구들도 이미 진작부터 이를 알고 있었소. 만약 새로운 사실과 이성이 생성될 수 있다면, 포콕 부인도 이를 만들어 낼 수 있을 거요. 그래서 전체적인 종합을 도출해 낼 거요. ……'

'Just to see that I do play fair …… I came out to find myself in presence of new facts—facts that have kept striking me as less and less met by our old reasons. The matter's perfectly simple. New reasons—reasons as new as the facts themselves—are wanted; and of this our friends at Woollett—Chad's and mine—were at the earliest moment definitely notified. If any are producible Mrs Pocock will produce them; she'll bring over the whole collection……'(*A* 300)

채드를 귀환시킬 동기를 상실한 스트레더가 파리에 계속 체류하고자 하는 이유는 "새로운 사실들"을 "공정하게 평가"하려고 하기 때문이다. 이 새로운 사실들이란 "우리의(즉 울렛의) 낡은 이성"으로는 설명될 수 없다. 따라서 스트레더는 새로운 사실들을 설명할 수 있는 "새로운 이성"이 필요하다고 말한다. "울렛의 낡은 이성"이란 "엄격한 이성"인데, 비트겐슈타인에 의하면 이것은 경험 자체를 제시하기보다는 "경험의 바깥에서 임의의 속성이나 개념을 부과"(Gier 197)시키게 한다. 우리가 새로운 사실들을 있는 그대로 경험하려면, 메를로퐁티가 말한 소위 역동적인 합리성과 유사한 "새로운 이성"을 필요로 하는데, 기어는 이것이 바로 바라보고 말하는 새로운 방식에 순응하게 하는 것이라고 한다(195－97). 그리고 이 "새로운 이성"은 스트레더가 잡다한 삼라만상을 "조합"(lego)할 수 있게 하는 원동력이며, "조합하고 모으고 종합"(put together, gather, collect)하게 하기 때문에 "넓은 이성"(broad reason)인 것이다. 넓은 이성의 표현 방식은 항상 기술적인 반면, 엄격한 이성의 방식은 준수되어야 할 법칙처럼 결정적으로 규정적인 것이다. 따라서 뉴섬 부인, 포콕 부인(Mrs. Pocock)과 웨이머쉬는 엄격한 이성에 기초된 그들의 낡은 규정, 즉 울렛의 가치관을 지키기 위해서 넓은 이성에 바탕을 둔 새로운 사실들, 즉 파리에서 얻은 경험들을 받아들이기를 철저히 거부한다.

새로운 이성이 생성시키는 새로운 언어 게임에 의해서 우리는 다르게 볼 수 있고 말할 수 있다고 주장하는 비트겐슈타인은 여기서 기술이 그 중요한 표현 수단임을 강조한다. 과학적인 논리 이전에 선행하는 논리가 이미 존재하며, 이 논리는 순수하게 기술적인 것임을 주장하는 후설(*The Crisis of European Sciences and Transcendental Phenomenology* 135)처럼, 비트겐슈타인 역시 언어의 논리란 순수하게 기술적인 것이라 역설한다. 그렇다면 우리가 사물을 있는 그대로 보고 말하고자 한다면 아무런 선입견 없이 직접적으로 이것을 기술해야 한다. 비트겐슈타인은 다음과 같이 말한다.

3. 221 사물들은 오직 이름이 붙여질 뿐이다. 기호가 이름을 표현한다. 나는 오직 사물들에 대해 이야기할 수 있을 뿐, 이것들을 분석적 언어로 똑같이 복사해 낼 수 없다. 명제는 사물들에 대해 말할 수

있을 뿐이지, 사물들 자체를 말해 줄 수 없다.

3. 221 Objects I can only name. Signs represent them. I can only speak of them. I cannot assert them. A proposition can only say how a thing is, not what it is.

Die Gegenstände kann ich nur nennen. Zeichen vertreten sie. Ich kann nur von ihnen sprechen, sie aussprechen kann ich nicht. Ein Satz kann nur sagen, wie ein Ding ist, nicht was es ist(*Tractatus*).

즉 우리는 임마누엘 칸트(Immanuel Kant)의 소위 "물 자체" (Das Ding an sich)가 무엇인지 말할 수 없는데, 있는 그대로의 사물을 언어로 복사해 낼 수 없기 때문이다. 그래서 만약 사물 자체를 말한다고 한다면 그것은 "규정"(prescription)이 되어버릴 것이다. 반면에, 사물이 어떠한지 말한다면, 이것이 바로 "기술"(description)이 된다. 또한, 비트겐슈타인은 이 명제를 통해 언어 행위 자체는 인식 작용이 아니라 단지 해석일 뿐임을 넌지시 암시하는데, 이 해석은 순수하게 기술적인 것이다.22) 따라서 우리는 가능한 상세하게 사물이 어떠한지 기술하지 않을 수 없게 된다.

이러한 기술적 방식이 바로 제임스의 내러티브와 스타일의 특징을 이루고 있으며, 이 독자적인 내러티브와 스타일의 경계 내에서 스토

---

22) 이 관점에서, 마이스너 역시 제임스가 "인식론적 위기를 불러오기 위해" 의식의 중심 기법을 수립했다고 지적한다. 이 인식론적 문제가 발생하는 이유는 모든 언어와 지식은 항상 이미 일종의 해석이기 때문이다. 그래서 마이스너는 제임스의 해석학적, 현상학적 언어가 이러한 해서저 계시에 초점을 맞추고 있다고 주장한다(10).

리 텔링이 투사된다. 제임스의 언어는 이러한 현상학적 기술의 방식에 기초되어 있는데, 이를 통해 제임스는 각 현상이 스스로를 보여주는 그대로 매우 상세하게 기술할 수 있다. 이러한 제임스의 기술 정신은 사물이나 현상을 규정하는 것이 아니라, 장면들을 엮어가는 스토리 텔링을 통해 현상에 대해 자세히 기술한다. 말하자면 제임스의 언어는 전지적 화자의 시점으로 사물 그 자체를 명확히 말해 주면서 독자를 계도할 수 있는 규정의 언어가 아니라 기술의 언어이다. 그의 언어가 결정적으로 무엇인가 말하기를 주저하고 확정적인 의미 전달을 연기하는 것처럼 보이는 것은 바로 이 때문이다. 즉 그의 언어는 독자에게 사물이나 현상 그 자체가 무엇이라고 명확히 말해 주지 않는다. 단지 사물들이 어떠한지에 대해 자세하게 기술하고 있을 뿐인데 이는 비트겐슈타인의 명제에 나타난 철학적 방법론과 정확히 일치한다. 이 관점에서, 크로스가 지적한 내용은 매우 적절하다.

제임스의 소설들은 온갖 스타일 분석에도 불구하고, 확실하게 정의되거나 철저히 명시된 적이 없는 방식의 언어에 대한 이야기이다. 이 연구의 목적은 그의 소설 창작의 주요 수단으로서의 스타일을 설명하려 한다. 즉 언어가 가진 결함까지도 포섭하여 실제적으로 극화시키면서 텍스트를 통제하고 통일성을 획득하기 위해, 일을 수행하는 예술적 언어를 조명하고자 한다.

James's novels are about language in a way that, for all the analyses of his style, has not been convincingly defined or thoroughly demonstrated. The purpose of this study is to try to account for that style as the primary instrument of his fabulation, an artistic language in the business of a deception, one that incorporates the flaws in language and virtually dramatizes, in its effort to exert control over a text, its own struggle to cohere(5).

이렇게 소설 창작의 주요 수단으로서의 스타일을 구성하는 언어 자체는 제임스 소설을 이루는 진정한 실체이자 주제가 된다. 따라서 "의식의 발전을 시각적 그림으로 투사해 주는 언어는 메이지 이야기 의 진정한 주제"(Language, used as the graphic projection of the growth of consciousness, is the real subject of the story of Maisie) (Cross 74)가 되는 것이다. 또한 "말하기 자체는 『사춘기』의 주제이 며, 진정 그 줄거리"(Talk itself is the novel (*The Awkward Age*)'s subject, indeed its action)(Cross 87)가 되는데, 그래서 "『비둘기의 날 개』는 이 말하기를 밑바탕으로 구성"(The Wings (of the Dove) is built on talk)(Cross 130)되는 것이다. 특히, 크로스가 제임스의 언어 와 스타일을 가리켜 무엇인가를 "확실하게 정의하거나 철저히 명시 한 적이 없는 방식"이라고 언급한 것은 시사하는 바가 크다. 제임스 스타일상의 이러한 특징은 사물 자체의 모습을 결정적으로 규정하기 보다는, 기술 행위를 통해 관습적인 개념과 시각에 점철되지 않고 숨겨진 의미를 포착하려는 그의 현상학적 충동에서 빚어진다. 윌리 엄즈는 이러한 제임스의 스타일을 가리켜 "기술적 용어를 주조하 는"(coining descriptive terms) 것이라고 표현한다.

이 관점에서, 메를로퐁티의 스타일 개념은, 판단하고 기술적 용어를 주조하는 스트레더의 재능의 발전과 유사하다. 퐁티는 예술가가 경험하는 첫 순간에 스타일이 배태되는 지점을 고려하는데, 숨어 있지만 줄곧 따라다니는 의미에서 벗어나, 이 새 의미에 그 자신이나 타인들이 받아들일 수 있는 구체적 형상을 부여해 주는 상징을 찾게 된다. 이 단계에서 철학가는, 예술가들이 목록으로 만들 수 있는 특정한 수의 절차가 아니라 표현의 완성을 향한 도달점으로서의 스타일을 제안한다. 이는 바로 통일적 변형을 보여주는 보편적 지표가 되는데, 예술가는 이것을 통해 아직은 산만한 자신의 지각 내용을 응집시켜 표현으로 존재하도록 만든다. …… 그러므로 스타일은 화가가 살아가면서 창조 활동을 수행하는 세계와 그 자신 사이에 이루어지는 상호 작용을 기록한 것으로 간주될 수 있다. 스타일은 예술가가 발견해 낸 의미의 복합체를 만들어 내어 이를 내적으로 일관적이고 만족할 만한 개별적 체계를 지닌 말로 분명히 언표하게 한다. 스타일은 통일된 경험, 즉 지각과 해석이 불가분하게 융합된 통일체에서 나오는 의미의 생성을 기록한 것이다.

From this point of view, Merleau-Ponty's concept of 'style' suggests another helpful analogy with the evolution of Strether's talent for judging and coining descriptive terms. Merleau-Ponty considers the moment at which style 'germinates at the surface of the artist's experience', while he searches for the emblems which will enable him to disengage a latent but insistently nagging meaning, to give it the concrete embodiment that will make it accessible both to himself and to others. At this stage, the philosopher suggests, style is not a 'certain number of procedures or tics' that the artist can inventory, but a concentrated reaching out towards the fulfilment of expression. It is 'the universal index of the "coherent deformation" by which he concentrates the still scattered meaning of his perception and makes it exist expressly' ⋯⋯ Style can, therefore, be seen as a register of the interaction between the painter and the world in which he lives and exercises his creative activity. It yields the complex of meanings which he has uncovered, and articulated into an internally consistent and individually satisfying system. It records the generation of these meanings from the unity of his experience, a unity in which perception and interpretation are indissolubly fused(87 – 88).

여기서 윌리엄즈가 지적하듯이, 제임스의 스타일은 "복합적인" (complex) 숨겨진 의미를 "발견해 내고"(uncovering) 기술하거나 "분명히 언표"(articulating) 하는 기능을 수행하는데, 지각과 해석이 하나로 통합된 작용이다. 전술한 비트겐슈타인의 용어로 표현하자면, 그의 스타일은 사물 그 자체를 말하고 표식하는 것이 아니라 사물이 어떠한지를 지각하고 동시에 해석하는 작업의 기록인 것이다. 그리고 기술적 용어를 주조하는 과정은 바로 해석의 과정이 된다. 하이데거는 "한 가지 방법론으로서 현상학적 기술의 의미는 해석에 있다."(the meaning of phenomenological desription as a method lies in interpretation)(*Being and Time* 37)고 지적한 바 있다.

이러한 제임스의 독특한 스타일 자체는, 크로스와 토도로프가 지적하듯이, 소설 창작의 주요 수단일 뿐 아니라 소설의 내용이며 주제가 된다. 이는 제임스가 어떻게 새로운 언어 게임을 현상으로 다루고 기술할 수 있는가라는 언어 철학적 문제를 픽션의 형식으로 극화시키면서, 소설의 내용과 형식을 일치시키고 있음을 의미한다. 말하자면, 의식의 중심을 통해 새로운 시각으로 새로운 의미와 언어를 창출하는 과정은 제임스 소설의 형식이자 내용이 된다. 그래서 토도로프는 스토리를 엮어가는 제임스의 형식의 기교가 정확히 소설의 주제와 양립할 수 있는 것이라고 역설한다(150-51). 이처럼 제임스의 형식과 내용의 일치를 이끄는 제임스의 의식의 중심 기교에서는 전통적인 전지적 화자가 더 이상 필요하지 않다.

우리는 그의 의식(의식의 흐름)에 대한 분석 혹은 분명한 언표를 얻을 수 있다. 여기서 나타나는 모든 다채로움은 화자와 인물을 동일 선상에 올려놓는 시점에서 기인하고 있다.

we may be given a dissection of his consciousness("stream of consciousness") or an articulated speech; all these varieties belong to the point of view which puts the narrator and the character on a basis of equality(Todorov 28).

즉 이 전지적 화자 대신 소설의 한 인물이 화자의 역할을 맡고 있다는 것인데, 토도로프에 의하면, 이 화자가 "인물 중 한 사람에게 부속하여 모든 것을 그의 눈을 통해 관찰한다."(28) 화자의 역할을 하는 이 인물은 소설 전체의 줄거리와 장면들을 엮어갈 필요가 없고, 다만 자신의 시점, 즉 의식의 중심을 통해 자신의 의식을 그대로 좇아 극화시킨다. 이것은 정확히 러복이 『사자들』에 대해 밝히고자 한 내용이다.

마음의 그림이 온전히 극화되는 방식, 즉 헨리 제임스의 『사자들』

및 다른 후기 소설들에서 일관적으로 적용되는 이 방식에 대해 살펴보자. 어떻게 작자는 물러나 한편에 서서 스트레더의 생각이 스스로의 스토리를 말하게 할까? 그것은 사물이 어느 타인의 시점이 아닌, 단지 나 자신의 시점에서 보여야 하는 것이다.

And now for the method by which the picture of a mind is fully dramatized, the method which is to be seen consistently applied in The Ambassadors and the other later novels of Henry James. How is the author to withdraw, to stand aside, and to let Strether's thought tell its own story? The thing must be seen from our own point of view and no other(156).

그렇다면 『사자들』은 한 사람의 시점에서 보인 이야기이다.

The Ambassadors, then, is a story which is seen from one man's point of view(170).

그렇다면, 여기서 전지적 화자 시점과 의식의 중심 시점 사이에 뚜렷한 대조가 암시된다. 그러햄도 지적하듯이, 19세기 빅토리아 조 작가들은 전지적 화자의 기교를 습관적으로 사용했는데, 이는 독자들을 계도하고 도덕적 지침을 제시할 수 있는 효과적인 내러티브 운용이었다(Graham 57). 다시 말해, 전지적 화자의 시점은 독자들을 위해 사물을 안내하며 규정해 주는 아주 편리한 방편이었다. 이런 의미에서 빅토리아 조 소설들에서 전통적인 전지적 화자 시점은 소설의 인물, 장면과 사건 그 자체가 무엇인지를 규정했다고 볼 수 있을 것이다.

그렇기 때문에 마이스너는 『헨리 제임스와 경험의 언어』(*Henry James and the Language of Experience*)에서 어떻게 제임스가 의식의 중심 기법을 발견했는가를 설명한다. 즉 『여인의 초상』 중 이자벨의 "경야" 부분을 창작할 때 제임스는 소설이 독자들을 교화시키고 도덕적 판단을 해 주는 교훈주의에서 벗어날 수 있게 하는 방식에 대해 고심한다. 이때 그는 중심인물 한 사람의 의식 속에서만 사건과 행동이 그려지는 의식의 중심 기법에 대한 통찰을 얻게 된다. 이 의식의 중심을 통해 제임스는 비로소 독자들이 텍스트의 주체이자 객체가 되는 이중의 특권을 누리며, 스스로 교훈과 의미를 찾게 되는 공간으로서의 소설의 가능성을 발견한다. 마이스너는 이러한 의식의 중심 기법의 완전한 내러티브 능력은 『사자들』에서 가장 잘 드러난다고 지적한다(3 - 4).

따라서 스트레더라는 화자의 의식의 중심은 스스로 텍스트의 의미를 통제하면서 다른 인물, 장면과 사건이 어떠한지에 대해 보고 기술한다. 그러므로 "각 사건이 누군가에게 보이는 그대로 이야기로 기술된다."(each event is described in them(these tales) as seen by someone)(149)라는 토도로프의 지적은 타당한 것이다. 한 사람의 시각에 의해 사건이 그려지기 때문에, 예를 들어 독자들은 도미니크 페란드 경(Sir Dominick Ferrand)에 대한 사실을 직접적으로 알 수 없고 그의 마음과 행동을 직접 듣고 볼 수 없게 된다. 단지 독자들은 피터 배런(Peter Baron)의 눈을 통해 도미니크가 어떻게 보이고 기술되는가를 알게 될 뿐이다. 즉 독자들은 사실상 도미니크 경에 대해 아무것도 볼 수 없고 배런의 의식을 통해서만 알게 될 뿐이다

(Todorov 149). 이어서 토도로프는 『생도』(*The Pupil*)에 관련하여 다음과 같이 밝힌다.

이것이 그(제임스)가 자신의 작업을 기술하는 방식이다. "…… 『생도』(The Pupil)에서 내가 부여한 모든 것은 헌신적인 친구의 혼란스러운 시야에 반영된 모린 사람들에 대한 어린 모건의 혼란스러운 시각이다." 우리는 모린 사람들을 직접 볼 수 없다. 즉 우리는 모린 사람들을 보는 Y의 시각에 대해 X가 가지고 있는 시각을 보게 된다. …… 제임스는 제삼자로 자신에 대해 이야기하면서 다음과 같이 말한다. "다른 시각을 통해 보는 것, 즉 어느 것은 이 인물의 시각을 통해, 또 다른 것도 이 시각을 통해 보는 것에 중독되어, 그는 어느 임무에도 너무 탐욕스럽게 이 방법으로 가능한 많은 것을 얻어 낸다."

Here is how he(James) himself describes his work: "…… all I have given in The Pupil is little Morgan's troubled vision of them as reflected in the vision, also troubled enough, of his devoted friend." We do not see the Moreens directly; we see the vision X has of the vision of Y who sees the Moreens …… Speaking of himself in the third person, James says further: "Addicted to seeing 'through'－one thing through another, accordingly, and still other things through that－ he takes, too greedily perhaps, on any errand, as many things as possible by the way."(150)

그래서 다른 인물들이 보는 것도 실상은 한 인물의 시각이라는 의식의 중심을 통해 보이고 기술된다. 즉 중심인물이 다른 인물들을 볼 때가 아니면, 독자들은 이들을 볼 수 없다. 독자들은 스트레더라는 중심인물의 시각을 통해서만 다른 인물들을 보게 된다. 그러므로 의식의 중심으로서 역할하는 인물은 절대로 여타의 인물들에 의해 보일 수 없으며, 독자들에게도 보일 수 없다.

철두철미하게 …… 스트레더의 시점은 소설을 지배한다. 즉 실질적으로 유일한 눈은 스트레더의 것이다. 그래서 그와 함께 있는 사람이 보는 대로 스트레더의 모습은 없다. 고스트리 양, 비오네 부인과 리틀 빌헴은 명백하게 보인다. 하지만 스트레더 자신의 얼굴은 결코 독자들에게 향해진 적이 없다.

Throughout …… Strether's point of view still reigns; the only eyes in the matter are still his, there is no sight of the man himself as his companion sees him. Miss Gostrey is clearly visible, and Madame de Vionnet and little Bilham, or whoever it may be; the face of Strether himself is never turned to the reader(Lubbock 165).

이것이 정확하게 의식의 중심 시점이 거두는 효과라고 할 수 있다. 이 의식의 중심 시점하에서, 독자들은 여타 인물의 의식이 아니라 오로지 의식의 중심으로 기능하는 인물의 생각에만 접근할 수 있게 된다. 그러므로 독자들은 전지적 화자가 일방적으로 규정해 놓은 정보를 수동적으로 받아들이는 대신, 스스로 의미를 추적하기 위해 스트레더의 시각에 의존하면서 텍스트에 비판적인 거리를 두게 된다. 즉 마이스너의 설명대로, 독자들이 텍스트의 주체이자 객체가 되면서 스스로 의미를 탐색하게 된다.

스트레더의 의식의 중심은 토도로프의 지적대로, 그 자신의 시각에 보이는 그대로 장면들을 기술한다. 즉 의식의 중심은 비트겐슈타인의 개관을 통해 파리의 전원 마을을 직접 눈으로 보면서 아무런 기존 전제 사항 없이 의미가 통하는 방식으로 새로운 사실들을 조합하고 기술한다. 결국 스트레더는 울렛의 언어 게임으로부터 숨겨지고 공인되지 않은 이 장소들의 의미, 즉 "본질"(the thing)(A 458)을 발견하게 되면서 파리의 언어 게임과 삶의 양식, 그리고 그것의 환유적 상응물인 채드와 비오네 부인과의 관계를 총체적으로 이해하는 인식의 새로운 지평을 열게 된다. 이것이 바로 현상학적 창의의 실현일 것이다. 제임스는 픽션의 유기적 구성을 통해 그 과정을 보여주는데, 비트겐슈타인적 언어 게임의 본질적 요소인 현상학적 기술로 내러티브를 구사하고 있으며 그 효과적인 장치는 바로 의식의 중심 기법에 있다.

❹ 극화된 현상학:
다양한 의미 생산의 공간으로서의 텍스트

스트레더는 새로운 이성, 즉 넓은 이성에 도달했기 때문에, 채드를 귀국시키는 임무를 거절하는 편지를 뉴섬 부인에게 보낸다. 즉 현상학적 방식으로 채드와 비오네 부인의 본질을 파리 문화의 문맥에서 직관해 낸 스트레더가 자신의 임무를 유기하자 뉴섬 부인은 포콕 부부(the Pococks)를 파리로 급파한다. 이들이 마침내 파리에 도착했을 때, 사라의 남편 짐 포콕(Jim Pocock)은 스트레더를 만나 다음과 같은 대화를 나눈다.

'보시다시피, 내가 파리를 좋아했기 때문이오. 나의 파리를 좋아했소. 그것도 너무 많이 좋아했다고 감히 말하겠소.'

'늙은 당신, 가엾은 사람!' 짐은 호들갑스럽게 외쳤다.

'하지만 아직 결론은 짓지 못했소.' 스트레더는 계속 말했다. '이 경우는 말이오, 울렛의 관점에서 보는 것보다 더 복잡해요.'

'아 글쎄, 울렛의 관점으로는 충분히 악하게 보인다니까요!' 짐은 선언했다.

'내가 편지에 썼던 모든 내용을 보고도 말인가요?'

짐은 생각해 냈다. '뉴섬 부인이 우리를 급파한 건 당신이 쓴 편지 내용 때문이 아닌가요? 적어도 그것 때문에, 그리고 나타나지 않는 채드 때문이 아닌가요?'

'Because, you see, I've greatly liked it. I've liked my Paris. I dare say I've liked it too much.'

'Oh you old wretch!' Jim gaily exclaimed.

'But nothing's concluded' Strether went on. 'The case is more complex than it looks from Woollett.'

'Oh well, it looks bad enough from Woollett!' Jim declared.

'Even after all I've written?'

Jim bethought himself. 'Isn't it what you've written that has made Mrs Newsome pack us off? That at least and Chad's not turning up?'(*A* 331−32)

여기서 스트레더는 파리를 너무 많이 사랑했노라고 짐에게 고백하면서도 아직 결론은 짓지 못했다고 말하는데 아직은 파리의 모든 삶의 방식을 완전히 이해하지 못했음을 암시한다. 아직 그가 보고 언표해야 하며 조합해야 할 것이 남아 있다는 의미인데, 이것은 그가 시골 휴식 기간 중 겪게 되는 채드와 비오네 부인의 마지막 보트 장면에서 극화된다. 따라서 스트레더는 짐에게 채드와 비오네 부인의 관계는 울렛의 관점에서 보이는 것보다 더 복잡하다고 말한다. 파리의 언어 게임과 삶의 양식은 울렛의 관점 안에서 파악되거나 이해될 수 없으며 결정적으로 규정될 수 없다는 말이다. 이러한 스트레더의 말을 이해하지 못하는 짐은 채드와 비오네와의 관계가 울렛의 관점에서 충분히 악하게 보인다고 선언한다.

파리에 온 포콕 부인 또한 스트레더와 대화할 때 울렛의 관점과 가치관을 철저히 고수하며, 파리의 삶의 방식을 이해하려 하지 않는다.

> 즉시 그녀는 다시 호소하듯이 그를 붙들었다.
> '당신은 제가 몹시 두려운가요?'
> '두렵다뇨? 왜요?' 그러나 그는 말할 때조차 자신이 불성실하다고 생각했다. '우리의 생각은 당신의 생각과 너무나 달라요.'

> She held him an instant, however, with another appeal.
> 'Do I seem to you very awful?'
> 'Awful? Why so?' But he called it to himself, even as he spoke, his biggest insincerity yet.
> 'Our arrangements are so different from yours.'(*A* 364−65)

그래서 포콕 부인이 스트레더에게 "자신이 두려워 보이느냐"는 질문을 한 이유는 "울렛의 협의 내용"을 대변하는 그녀가 파리의 언어 게임과 삶의 방식에 동화된 "스트레더와는 너무 다르다."는 것을 알고 있기 때문이다. 마이스너의 설명에 의하면, 뉴섬 부인이 가진 울렛의 해석학은 그녀의 영향권 내에 있는 모든 사람과 사물을 위해 경험과 현실을 공인해 주는 개념 틀을 형성한다(14). 웨이머쉬, 포콕 부부는 뉴섬 부인의 영향권하에 있는 대표적인 경우이다.

그러므로 울렛의 굴레 속에 갇혀 파리 문화를 이해할 수 없는 사라는 채드와 비오네 부인의 관계를 "끔찍하다"(hideous)(A 421)고 말하지만, 현상학적 방식으로 파리를 보고 경험하면서 그 삶의 양식을 배운 스트레더는 이 관계를 이해하고 그 결과물을 채드의 "복된 발전"(A 421)으로 정의한다. 더 나아가 스트레더는 자신과 비오네 부인의 관계에 있어서도 "새로운 국면"에 도달한 것에 기뻐한다.

······ 그는 자신과 비오네 부인의 관계의 새로운 국면에 접어든 후 오래지 않아 채드의 이름을 입에 올리지 않게 된 것을 떠올렸다. 자신의 뇌리에 맴돌았던 것 중 하나는 이 여성과의 관계에서 새로운 국면에 도달했다는 즐거운 편리함이었다. 스트레더는 등을 대고 누워 생각했다. 그녀를 시험해 볼 때 그녀가 빚을 온갖 종류의 상황들을. 그리고 그녀가 그 상황들을 구체적인 사건으로 제시할 수 있다고 믿었다.

그는 이제 자신이 공평한 마음을 가졌으므로, 그녀 자신도 그래야 한다고 생각해 주기를 원했다. 또 그녀는 그렇게 생각하고 있다고 보여주었다(showed). 그래서 그는 자신이 고마워하고 있음을 보여주었다(showed). 마치 그가 처음으로 그녀를 방문하고 있는 듯했다. 하지만 그들은 이미 이전에도 쓸모없는 만남을 가졌었다. 그래서 그들이 얼마나 공통점이 많은가를 더 일찍 알았더라면 건너뛰어 버려야 할 무미건조한 일들이 많은 것처럼 보였다.

　　…… it was not till later even that he remembered how, with their new tone, they hadn't so much as mentioned the name of Chad himself. One of the things that most lingered with him on his hillside was this delightful facility, with such a woman, of arriving at a new tone; he thought, as he lay on his back, of all the tones she might make possible if one were to try her, and at any rate of the probability that one could trust her to fit them to occasions. He had wanted her to feel that, as he was disinterested now, so she herself should be, and she had showed she felt it, and he had showed he was grateful, and it had been for all the world as if he were calling for the first time. They had had other, but irrelevant, meetings; it was quite as if, had they sooner known how much they really had in common, there were quantities of comparatively dull matters they might have skipped(*A* 456).

여기서 제임스는 스스로 드러나는 사실의 잠정적 성격의 현상학에서 중요한 개념인 "보여주다"(show)라는 동사를 선택하고 있다. 역시 비트겐슈타인은 현상의 내용과 형식이 아무런 전제 사항 없이 "스스로를 보여주는"(show itself) 현상학적 방식을 강조한다. 그래서 『트락타투스』에서 논리 형식은 스스로를 보여주는 한편, 『철학적 탐사』(*Philosophical Investigations*)에서 삶의 양식은 스스로 드러난다 (Gier 195). 하이데거는 "현상학적 개념에서 스스로를 보여주는 것으로서 생각될 수 있는 것은 존재의 본질이요, 의미"(In the phenome-nological conception of phenomenon what one has in mind as that which shows itself is the Being of entities, its meaning)(*Being and Time* 35)라고 표현한다. 여기서 "보여주다"의 어원학적 근거를 들 수 있다. 독일어 "sagen"(say, speak)의 어원은 "보여주다"(show)를 의미하는데(Gier 217), 존재론적, 실존적 차원을 내포한다. 따라서 "말하다"(say)라는 말은 원래 항상 "보여주다"(show)를 의미한다. 그 러므로 삶의 양식의 문맥 속에서 사물의 내용과 형식은 스스로를 보 여주고 동시에 구체적인 말로 기술될 수 있다. 스트레더가 비오네 부인과 서로 말을 주고받는 것은 의미를 보여주는 행위이기 때문에 제임스는 "보여주다"라는 동사를 사용하는데, 이때 스트레더는 "이 전의 만남이 모두 쓸모없게 되고 첫 만남인양" 보일 정도로 비오네 부인의 삶의 양식이라는 문맥 속에서 스스로 보여주는 의미를 체득 할 수 있게 되는 것이다.

한편 이 보여주기 개념은 실존적 차원을 내포한 현장 존재 요소 를 가지고 있다는 점에서 실존적 보기(seeing)와 공통점을 이룬다. 그렇기 때문에, 비오네 부인에게 스트레더는 포콕 부인과 뉴섬 부인 이 그녀의 초라하고 낡은 집을 보아야 한다고 말한다.

채드가 교제하고 있는 이 친구의 기이함, 독자성과 시성은 - 이를 어떻게 불러야 할지 그는 몰랐다 - 스트레더에게 다시 그 낭만성을 재확인시켰다. '그들은 이걸 봐야 해요. 꼭 그래야 해요.'

'포콕 부부 말인가요?' 그녀는 반대하는 듯이 둘러보았다. 그녀는 그가 알아채지 못한 간극을 본 듯했다. '매미와 사라 말이오. 특히 매

미요.'

'이 누추하고 낡은 내 집 말인가요? 하지만 그들이 가진 것은-!'

'오 그들이 가진 것이라뇨! 당신은 자신에게 무엇이 도움이 될지 이야기하고 있었잖소. 그러니-' 그녀는 그의 말 중간에 끼어들었다. '그러면 초라한 내 집이 제게 도움이 될 거라고 생각하나요? 오' 그녀는 슬픈 듯 생각에 잠겼다. '그건 절박한 일이죠!'

'당신은 내가 뭘 원하는지 아시오?' 그는 계속했다. '뉴섬 부인이 직접 볼 수 있으면 좋겠소.'

그녀는 그의 생각의 흐름을 잠깐 놓치고 그를 응시했다. '그러면 좀 달라질까요?' 그녀의 음성은 사뭇 진지해서 주위를 계속 둘러본 그는 웃었다. '달라질 거요!'

'하지만 당신은 그녀에게 모든 걸 말했다고 했잖아요.'

'당신에 대한 모든 걸 말이오? 그렇소, 멋진 이야기였소. 하지만 그래도 말로 기술할 수 없는 것이 있소. 이건 오직 그 현장에 있어야 알 수 있는 것이오.'

The oddity, the originality, the poetry — he didn't know what to call it — of Chad's connexion reaffirmed for him its romantic side. 'They ought to see this, you know. They must.'

'The Pococks?' — she looked about in deprecation; she seemed to see gaps he didn't. 'Mamie and Sarah — Mamie in particular.'

'My shabby old place? But their things — !'

'Oh their things! You were talking of what will do something for you —' 'So that it strikes you' she broke in, 'that my poor place may? Oh' she ruefully mused, 'that would be desperate!'

'Do you know what I wish?' he went on. 'I wish Mrs Newsome herself could have a look.'

She stared, missing a little his logic. 'It would make a difference?'

Her tone was so earnest that as he continued to look about he laughed. 'It might!'

'But you've told her, you tell me—'

'All about you? Yes, a wonderful story. But there's all the indescribable—what one gets only on the spot.'(*A* 362)

이 장면은 보기(seeing)의 현상학을 극화한다. 하이데거의 "둘러보기"와 비트겐슈타인의 "세계관 철학"(Weltanschauungsphilosophie)과 동일한 보기의 현상학은, 사물을 이해하려면 직접 눈으로 보아야 한다는 것이다. 넓은 이성에 기초된 통합적인 "개관"을 통해, 스트레더는 직접 눈으로 보면서 잡다한 사실들을 "조합"한다. 스트레더는 파리에 도착한 후 그곳을 돌아보고 나서야 결국 파리의 삶의 양식을 이해한다. 그래서 그는 뉴섬 부인을 포함하여 포콕 부부, 특히 매미가 파리와 비오네 부인의 오래된 집을 둘러봐야 한다고 강조한다. 즉 비오네 부인의 집은 파리의 삶의 양식에 대한 환유적 상응물이기 때문이다. 윌리엄즈의 지적대로, 스트레더는 일종의 교육 과정의 유효성을 최종적으로 시험하기 위해 파리의 유구한 역사와 뿌리 깊은 문화가 매력적으로 살아 숨 쉬는 비오네 부인의 집을 직접 방문해야 한다. 비오네 부인의 집을 둘러보면서 스트레더는 그녀와 면담을 나눌 때 자신이 지녔던 기존 방향 감각을 순간 상실하면서 울렛의 관습과 기준의 심층적 구조를 한 단계씩 유기하는 연속적이고도 "점진적인 판단 중지"(gradual epoche)를 수행하게 되는 것이다(69).

파리의 삶의 양식과 언어 게임을 이해한 스트레더는 또한 울렛의 그것에 대한 상대적인 가치와 유효성을 긍정하게 된다. 하지만 이 긍정은 파리를 보고 그 삶의 양식을 이해한 매미 포콕(Mamie Pocock)과 깊은 대화를 나누며 서로 공감하면서 이루어지게 된다.

　　매미를 그런 날씨에 혼자 남겨두는 것은 지나치게 세련된 태도라는 생각은 그에겐 정말 두 번째 문제였다. 그래도 그녀는 사실 루드 로 볼리에 매혹되어 놀랍고 환상적인 임시변통의 파리 이미지를 급조했을지도 모른다. …… 이 인식의 순간은 마치 뉴섬 부인의 항구적인 영향력이 갑자기 헐떡거리는 숨소리와 함께 엷어지고 약해지는 것 같았다. 하루하루가 지나면서, 그는 이 젊은 숙녀에 경의를 느끼고 마침내 묘하고 양면적인 대단한 사실을 인식하고 그 의미를 찾을 수 있었다. 그것은 기껏해야 신비로운 일, 하나의 강박 관념, 동의할 수 있는 강박 관념이었다. 그리고 그것은 용수철을 막 댄 것처럼 그 장소에 제대로 들어박혔다. 그것은 그동안 두 사람 사이에 사고와 지연으로 막혔던 의사소통의 가능성을 드러내 주었다. 심지어 아직 확인되지 않은 어떤 관계의 가능성까지도. 거기엔 항상 울렛에서 보낸 시절의 결과로서의 그들의 낡은 관계가 있었다. 그러나 가장 이상한 일은, 이 낡은 관계가 지금 두 사람 사이의 분위기와 전혀 닮은 데가 없다는 점이다.

　　It came to him indeed the next thing that there was perhaps almost an excess of refinement in having left Mamie in such weather up there alone; however she might in fact have extemporized, under the charm of the Rue de Rovoli, a little makeshift Paris of wonder and fancy …… and it was as if at the recognition Mrs Newsome's fixed intensity had suddenly, with a deep audible gasp, grown thin and vague — that day after day he had been conscious in respect to his young lady of something odd and ambiguous, yet something into which he could at last read a meaning. It had been at the most, this mystery, an obsession — oh an obsession agreeable; and it had just now fallen into its place as at the touch of a spring. It had represented the possibility between them of some communication baffled by accident and delay — the possibility even of some relation as yet unacknowledged.

There was always their old relation, the fruit of the Woollett years; but that — and it was what was strangest — had nothing whatever in common with what was now in the air(*A* 378).

제임스는 많은 장면 속에 매미를 상세하고 긍정적으로, 다른 인물들과는 아주 다르게 기술한다. 스트레더의 의식 속에 울렛의 가치관의 대표자로서 뉴섬 부인은 점점 희미해지고 매미가 그 자리를 대신한다. 결국, 스트레더의 내부에서 뉴섬 부인의 영향력이 사라지는 것과 동시에 매미에 대한 경의감이 들고 이 젊은 숙녀에게서 새로운 의미를 찾게 된다. 그러므로 소설 속에서 매미의 위치는 매우 독자적이다. 파리 도착 후 사라가 파리의 삶의 양식을 철저히 부정하고 짐은 사라에 수동적으로 이끌릴 뿐 스스로 어떤 결정도 못하는 반면, 매미는 파리를 경험하고 그 삶의 양식을 긍정한다.

'…… 그녀는 그와 마찬가지로 파리의 삶의 방식에 만족하고 있어요. …… 그가 '종합한' 모든 사실들, 그가 알아가는 방식에 즐거워하고 있죠. 그녀는 그걸 어렵게 생각하지 않아요. 그녀 스스로 이 길을 걸어왔죠……'

'······ she's pleased with it as with his capacity to do this kind of thing. ······ Everything he has 'picked up'—and the way he knows how. She sees no difficulty in that. She'd run the show herself······'(*A* 391)

매미는 파리의 삶의 양식을 이해하고 만족하면서도, 울렛의 양식을 결코 포기하지 않는데, 이는 그녀가 파리의 삶의 양식을 긍정하는 한편, 울렛의 상대적인 가치를 놓치지 않는다는 의미이다. 즉 그녀는 포콕 부인과 웨이머쉬와는 다르게 파리와 울렛이 각각 지닌 삶의 양식과 언어 게임의 공존을 인정하게 된다.

'내가 보기에, 그녀는 자기 가족들 주장이 정당화를 넘어선 영역에 있다고 생각해요.' '그럼 그녀는 그가 보여준 모든 것에 만족하고 있지 않나?' '그 반대죠. 그녀는 그와 마찬가지로 파리의 삶의 방식에 만족하고 있어요. 오랫동안 그녀가 즐거워했던 그 어느 것보다도 더. 하지만 그녀는 그가 그걸 거기에서(파리에서) 보여주기 원해요. 그는 우리 같은 사람들에 그걸 낭비할 권리가 없어요.' 스트레더는 의아스러웠다. '그녀는 그가 전체를 다 옮겨다 주기를 원하나?' '전체 다요, 한 가지 중요한 예외사항은 있지만 말이에요. 그가 '종합한' 모든 사실들, 그가 알아가는 방식에 그녀는 즐거워하고 있죠. 그녀는 그걸 어렵게 생각하지 않아요. 그녀 스스로 이 길을 걸어갈 것이고 또 파리에 비해 울렛이 대체적으로 어떤 면에서 더 좋다는 훌륭한 동의를 하게 될 겁니다. 물론 파리도 울렛에 비해 어떤 면에 있어 더 좋다는 결론도 함께요. 파리 사람들도 똑같이 좋은 사람들이니까요.' 스트레더는 대꾸했다. '자네와 이 울렛 사람들처럼 말인가? 아 그렇지. 하지만, 이 경우는 사람들 자체를 두고 말하는 것은 아니네. 이건 사람들

이 존재할 수 있도록 만들어 온 일체의 것이네.'

'Oh she takes it, I judge, as proving that the claim of his family is more than ever justified.'

'She isn't then pleased with what he has to show?'

'On the contrary; she's pleased with it as with his capacity to do this kind of thing—more than she has been pleased with anything for a long time. But she wants him to show it there. He has no right to waste it on the likes of us.'

Strether wondered. 'She wants him to move the whole thing over?'

'The whole thing—with an important exception. Everything he has 'picked up'—and the way he knows how. She sees no difficulty in that. She'd run the show herself, and she'll make the handsome concession that Woollett would be on the whole in some ways the better for it. Not that it wouldn't be also in some ways the better for Woollett. The people there are just as good.'

'Just as good as you and these others? Ah that may be. But such an occasion as this, whether or no' Strether said, 'isn't the people. It's what has made the people possible.'(A 390—91)

이렇게 울렛 사람이면서도 울렛의 전형에서 벗어난 매미와의 대화를 통해 스트레더는 파리의 언어 게임에 동화되면서도 울렛의 삶의 양식을 긍정하기에 이른다. 즉 윌리엄즈의 지적대로, 파리의 복잡다단하고 이질적인 개념들을 순치할 때 스트레더는 결코 울렛의 옛 용어를 무효화시킨다거나 그 기능을 전복하지는 않는다(87).

그래서 매미가 사라와 짐과는 다르게 채드에게 무슨 일이 일어났는지 완벽하게 알아낸 것은, 채드에 대해서 스트레더와 아무 말도 하지 않았기 때문이다. 그녀는 채드에게 생긴 모든 변화를 샅샅이 가늠하게 되었고 그걸 얼마나 비밀에 붙여두기를 바라는지 스트레더가 알아주기 원했다. 그들은 마치 그동안 이야기할 기회가 없었던 것처럼 울렛에 대해 아주 편안하게 이야기했다. 그래서 사실 이 비밀을 더욱 견고히 지키는 데 도움이 되었다.

It fully came up for them then, by means of their talking of everything but Chad, that Mamie, unlike Sarah, unlike Jim, knew perfectly what had become of him. It fully came up that she had taken to the last fraction of an inch the measure of the change in him, and that she wanted Strether to know what a secret she proposed to make of it. They talked most conveniently — as if they had had no chance yet — about Woollett; and that had virtually the effect of their keeping the secret more close(A 381).

그녀는 울렛 사람들을 많이 칭찬했고 울렛의 방식을 좇고 있었다. 그래서 스트레더가 울렛의 방식에 대해 다시 애정을 갖게 했다.

She abounded in praise of them, and after the manner of Woollett — which made the manner of Woollett a loveable thing again to Strether(A 382).

하지만, 울렛에 대한 스트레더의 긍정은 그가 파리의 삶의 양식을 체험하기 전 울렛의 사회에서 내재화한 과정과 동일할 수 없다. 이 울렛의 긍정은 파리를 경험한 후 변화를 일으킨 스트레더의 새로운 시각을 통해 조명되고 있기 때문이다. 윌리엄즈는 다음과 같이 말하고 있다.

시골 여행의 경험은 스트레더에게 특히 중요한데, 그 이유는 그의 유럽적 이력에 새로운 항목을 더해 주기 때문이다. 이것은 그가 직접적으로 파리의 삶의 양식을 배우는 것에서 한 걸음 물러나게 해서 그것을 다른 문맥에 놓고 비춰보게 한다. 즉 스트레더는 프랑스적 특징이 있으면서도 보스톤의 문화적 열망을 반영하는 제 삼의 용어를 통해 파리와 울렛을 연결시킬 수 있게 된다. 그의 배경을 하나의 장면과 무대로 간주하면서, 스트레더는 의도적인 분석의 가장 강한 해석적 도구가 되는 상상적 변주에 착수한다.

The experience of the country interlude is, at the same time, particularly important for Strether, because it gives him a new purchase on his European career. It allows him to retreat from the immediacy of his Parisian education and to endow it with a different context; for he is able to relate Paris and Woollett through a third term which is charateristically French, yet which also reflects the cultural aspirations of Boston. By regarding his setting as 'a scene and a stage', he embarks upon the 'imaginative variation' which is one of the strongest interpretative tools of intentional analysis(84).

따라서 울렛의 가치관에 대한 스트레더의 의식 속에, 윌리엄스의 용어로 말하자면, "새로운 울림"(a new resonance)이 나타나고, 스트레더와 매미의 옛 울렛 시절의 관계가 새로운 의미로 변모하게 되는 것(A 378)도 이런 이유에서다.

그러므로 소설의 흐름상 언어 게임과 삶의 양식에 대한 세 가지의 인식 유형이 있게 된다. 우선 타자들의 존재를 알지 못하고 자신의 언어 게임만을 고수하는 것으로, 뉴섬 부인, 사라, 짐, 그리고 웨이머쉬가 바로 이 경우에 해당한다. 그들은 파리의 언어 게임과 삶의 양식을 인정하려 하지 않을 뿐 아니라 이것을 "악질적인"(bad) 혹은 잘못된 것으로 매도한다. 두 번째는 열린 마음으로 다른 언어 게임을 배우고 이해하며 그것에 동화되는 과정이다. 이 경우는 마리아 고스트리와 채드에 해당하는데, 마리아와 채드는 그들의 고향을 떠나 파리에 살면서 그 생활양식에 완전히 젖어 들어 굳이 모국의 언어와 삶의 방식을 비교하거나 재고하지 않는다. 세 번째의 인식 유형은 매미 포콕과 스트레더가 해당하는데, 서로 다른 언어 게임들이 가진 상대적 가치와 이것들의 공존과 양립을 인정하는 것이다. 따라서 매미는 울렛과 파리는 각자의 장점을 가지고 있다는 동의를 하게 된다(A 391).

이러한 매미를 보면서 스트레더는 울렛의 미래에 대한 비전을 품게 된다.

그럼에도 그는 마치 매력적인 여성과 함께 앉아 있는 것처럼, 뚜렷하게 자신감에 차오르는 걸 느꼈다. 그녀가 이야기하는 모든 것은 그녀를 훌륭하게 했다. 눈에 띄게 노련한 그녀의 자유로움과 유창함 때문에 그렇게 보였다.

but he none the less felt, as he sat with the charming girl, the signal growth of a confidence. For she was charming, when all was said – and none the less so for the visible habit and practice of freedom and fluency(*A* 379).

심지어 그녀와 대면할 때 "모든 것을 멋지게 흡인하는, 침착함 이상의 조용한 위엄이 그녀에게서 흘러나옴을 느끼는"(*A* 380) 스트레더는, 리틀 빌햄(Little Bilham)에게 원래 채드와 약혼했던 그녀와 결혼하라는 권유까지 한다(*A* 392).

결국, 스트레더는 자신의 넓은 이성을 발휘하면서 파리 문화와 풍습이라는 새로운 사실을 "조합"(*A* 297)하는데, 이는 새로운 현상을 직접적, 직관적으로 설명하는 현상학적 기술의 과정이다. 이 과정을 거치면서 스트레더는 파리와 울렛의 각 문화에 대한 결론을 개진하게 된다. 여기서, "사람들이 존재할 수 있도록 만들어 온 일체의 것"이라는 스트레더의 논평은 비트겐슈타인의 언어 게임과 삶의 양식 개념을 정확히 언표한다. 비트겐슈타인에 따르면 한 언어 게임은 그 고유한 의미와 진위, 좋고 나쁨을 스스로 결정하는 자치체이다. 따라서 한 언어 게임의 범주 밖에서 결코 그 진위를 가릴 수 없고, 오로지 그 범주 내에서 의미가 통하면 옳은 것이 된다. 이러한 근거에서 인정되는 각기 다른 언어 게임의 공존과 복수성은 "울렛과 파리가 어떤 의미에서 상대적으로 더 좋고, 파리 사람들은 울렛 사람들만큼 좋은 사람들"이라는 결론을 이끌어낸다. 즉 파리와 울렛은 서로 비교될 수 없는 나름의 고유한 특성과 미덕을 보유하고 있다는 함의이다.

이러한 관점에서 웨이머쉬는 스트레더, 매미와 첨예한 대조가 되

는 인물인데, 비록 "유럽에서 좋은 시간을 보내는데도"(*A* 410), 파리
와 유럽적 삶의 방식을 받아들이려 하지 않기 때문이다.

　　웨이머쉬는 좋은 시간을 보내고 있었다. 그로서는 당황스러운 사실
이었지만, 그때 파리에서, 유럽에서, 그가 조금도 시인하지 않은, 바로
그 환경의 보호하에 좋은 시간을 보내고 있었다. 어떤 정황의 감시라
는 것은 틀림없이 그를 잘못된 입장에 놓이도록 했다. 이것은 적어도
당당한 태도는 결코 아니었다.

　　Waymarsh was having a good time — this was the truth that was
　　embarrassing for him, and he was having it then and there, he was
　　having it in Europe, he was having it under the very protection of
　　circumstances of which he didn't in the least approve; all of which
　　placed him in a false position, with no issue possible — none at least
　　by the grand manner(*A* 410).

파리와 유럽에서 좋은 시간을 보내는 웨이머쉬는, 본인은 "결코
시인하진 않지만" 울렛의 가치관과 도덕적 기준이라는 "환경의 보호
하에" 자신의 경험을 감시한다. 이 엄격한 울렛의 기준은 웨이머쉬
가 파리의 실제 삶의 양식을 제대로 보고 그 언어 게임을 언표하지
못하도록 보호하며, 그래서 그를 "잘못된 입장에 놓이게" 한다. 이
잘못된 입장은 웨이머쉬의 태도이며, 전체적으로 울렛의 태도이다.
웨이머쉬의 잘못된 입장은, 그가 울렛의 언어 게임과 삶의 양식은
가장 경의할 만한 것으로 옹호하면서 파리의 삶의 방식은 악으로 규
정하고 "징벌하는 마음"(the most vindictive mind)(A 411)을 품게 되

면서 더욱 악화된다.

웨이머쉬는 최대한 대장부답게 말했다. '난 그녀의 사생활에 대해서
는 아무것도 모르네. ……' 최대한 사내다운 말투였지만 여전히 잘못
된 태도였다. 마치 매우 유감스러운 내용을 전해 주어야 했던 것처럼
말이다. 스트레더는 점점 더 확실히 느꼈다. 웨이머쉬가 모든 것을 알
았고 그래서 포기했으며 그로서 내리는 최소한의 징벌은 이제 두 번
째 하는 사소한 거짓말이 될 운명에 처해 있음을. 그 남자가 지닌 징
벌의 마음이 얼마나 이보다 더 잘못된 입장에 놓이게 했을까?

'I know' said Waymarsh as manfully as possible, 'noting whatever
about her private affairs. ……' It was as manful as possible, but it
was still the false note—as it had to be to convey so sorry a
statement. He knew everything, Strether more and more felt, that he
thus disclaimed, and his little punishment was just in this doom to a
second fib. What falser position—given the man—could the most
vindictive mind impose?(*A* 411−12)

그래서 스트레더의 의식은 "징벌의 마음이 얼마나 더 잘못된 입장
에 빠뜨릴 수 있을까"라고 토로하는데, 결국 이 징벌의 마음이 그를
골 깊은 고립에 처하게 한다. 그리고 이 고립 상태는 웨이머쉬와 같
은 입장에 선 포콕 부인에게도 그대로 적용된다.

'…… 당신이 뭐라고 부르든 간에, 포콕 부인은 내적으로든 외적으
로든 단단히 건립이 된 존재랍니다. 너무나 **빽빽**이 채워져 있어서 한
발자국도 움직일 수 없어요. 그녀는 눈부신 고립 상태에 있답니다.

…… 그녀는 자신의 존재라는 건물에 벽돌을 다 쌓았어요. 그녀는 산 송장이나 다름없죠!'

'…… Mrs Pocock's built in, or built out—whichever you call it; she's packed so tight she can't move. She's in splendid isolation …… but just so that it does build her out. She's bricked up, she's buried alive!'(A 399)

'이것이 그녀를 기술하고 설명해 주는 사실이라고 난 생각하오. 이건 내가 지금 당신에게 말하려는 내용과 같소. 내가 늘 그렇게 불러왔듯이, 그녀는 매우 교묘하고 차가운 사상가요. 그녀는 미리 모든 것을 자신의 생각으로 완성해 놓고, 자신이나 나에게도 일체의 것을 만들어 놓았소. 말하자면, 당신도 알다시피, 그녀가 일을 끝낼 때마다, 달리 변경할 여지가 전혀 없소, 극히 일부도. 이걸 붙들 때 그녀는 가득 차 있고 단단하게 꾸려져 있소. ……'

'It's a fact that, I think, describes and represents her; and it falls in with what I tell you—that she's all, as I've called it, fine cold thought. She had, to her own mind, worked the whole thing out in advance, and worked it out for me as well as for herself. Whenever she has done that, you see, there's no room left; no margin, as it were, for any alteration. She's filled as full, packed as tight, as she'll hold. ……'(A 447)

여기서 포콕 부인은 타자와 대상 세계와의 상호 작용 혹은 대화 자체를 철저히 거부하고 있는 일종의 석화된 존재로 기술된다. 비트겐슈타인과 하이데거의 현상학에 있어 이 "대화"(discourse)는 매우 중요하다. 하이데거는 "존재"(Dasein)를 분석할 때 "이해"(understanding), "대화"(discourse), "마음 상태"(state of mind)를 기본적인 실존의 요소로 언급하고 있다(*Being and Time* 133). 하이데거와 마찬가지로 이 세 가지 기본 요소를 주장하는 비트겐슈타인은 이해란 정신적, 심리적 과정이 아니라(*Philosophical Investigations* §154), "초월적 삶의 형식"(*Investigations preface*)인데 이는 사람들이 외부 세계와 반응하고 대화할 수 있게 하는 것이라고 설명한다. 세 가지 요소 중, 하이데거도 지적하듯이, 이해와 마음의 상태가 갖는 특징들이 애초에 대화에 달려 있다는 점에서 대화가 가장 중요하다(*Being and Time* 133). 즉 대화는 대상을 이해할 수 있음을 표지해 준다(*Being and Time* 161). 따라서 케어가 주장하듯이, 이해란 대상 및 세계 이해이다(518). 브란트는 이 "세계 이해"가 바로 "존재의 이해"이며 비트겐슈타인식의 이해가 어떤 종류의 이해에도 선행하는 "존재할 수 있는 능력"임을 설명한다(56). 이런 의미에서 다른 세계와 대화하기를 거부하고 그 세계를 이해하지 못하는 포콕 부인은 "존재할 수 있는 능력"이 없기 때문에 살아 있다고 볼 수 없다. 여기서 마리아가, 포콕 부인은 "산송장이나 다름없어요!"라고 외치는 것은 놀랄 일이 아니다. 하이데거, 메를로퐁티, 비트겐슈타인에 따르면, 언어는 화석화될 수 있으며, 그렇게 될 때 언어는 삶 자체를 움직이게 하지 못할 것인데, 왜냐하면 언어 자체가 본질적인 삶의 형식이기 때문이며(Gier 218-19), 언어 게임들이 삶의 형식이 되기 때문이다(Gier 19). 따라서 파리 문화와 상호 작용하고 대화하며 이해하기를 거부하는 뉴섬 부인, 포콕 부인, 웨이머쉬는 이렇게 화석화된 언어와 삶의 형식의 범주에 속한다고 볼 수 있다. 따라서 스트레더는 울렛의 새로운 대사로 파리에 온 사라에게 자신이 파리의 언어 게임을 이해하게 되는 과정을 기술한다.

그렇다, 그녀는 그를 짧고 날카롭게 수용했다. 하지만 그는 그녀의 손아귀에 잡히지 않으려고 안간힘을 썼다. '나는 당신의 설명처럼 그런 계산하에 내가 한 일이 있다고 생각하지 않소. 모든 것은 다른 것과 구별되지 않은 일부로 오게 되는 법이오. 당신이 여기 온 것은 내가 이미 당신이 오기 전에 왔기 때문이고 내가 여기 온 건 우리 공통의 마음 상태의 결과요. 우리의 공통의 마음 상태는 그 옆에서 보면 우리의 기묘한 무지, 우리의 이상한 오해와 혼란에서 출발했소. 물론 그때부터 미동도 없이 흘러나오는 빛이 우리를 더욱 기묘한 지식 속에 표류하게 한 것 같소. 당신은 남동생을 있는 그대로 좋아하지 않소?' 그는 계속했다. '또 어머니께 그 일의 전말을 알기 쉽게 보고하지 않았소?'

Yes, she had taken him up as short and as sharply as that; but he tried not to flounder in her grasp. 'I don't think there's anything I've done in any such calculated way as you describe. Everything has come as a sort of indistinguishable part of everything else. Your coming out belonged closely to my having come before you, and my having come was a result of our general state of mind. Our general state of mind had proceeded, on its side, from our queer ignorance, our queer misconceptions and confusions—from which, since then, an inexorable tide of light seems to have floated us into our perhaps still queerer knowledge. Don't you like your brother as he is' he went on, 'and haven't you given your mother an intelligible account of all that that comes to?'(*A* 418)

　스트레더와 사라 사이에 존재하는 가장 큰 심연은 스트레더가 파리의 삶의 양식을 울렛의 그것으로 결코 분석하거나 "계산"하지 않은 반면, 사라는 울렛의 도덕적 잣대로 비오네 부인의 삶을 재단하고 평가하고 있다는 점이다. 비트겐슈타인에 의하면,23) 어떤 새로운 사실을 이해하게 될 때 우리는 분석하지 않고 직접적, 직관적으로 경험하고 기술하게 된다. 분석하지 않고 기술된 내용은 말하자면 "기본적인 명제"가 된다. 이 기본적인 명제는, 비트겐슈타인에 따르면, 사물들의 순수한 이름으로 구성되어 있다. 이름은 다른 설명적 요소 없이 주어지기 때문에, 새로운 이름이 주어진다면 당연히 이 명제는 독창적이고 새로운 표현이 된다. 반면에, 분석은 기존의 관습적인 설명 용어와 개념을 계속 고수하게 만든다. 그것은 새로운 사실과 사물을 접할 때 그것들을 보이는 그대로 직관적으로, 통합적으로 파악하지 못하고 단지 분석을 하게 된다면, 이 분석의 과정에서 필연적으로 기존의 설명자와 개념을 적용하게 되기 때문이다. 요약하자면, 새로운 사실과 사물을 분석한다는 것은 기존의 관습적 개념

---

23) 5. 5562 우리가 순수히 논리적인 근거에서 기본적인 명제가 존재함을 알 때, 우리는 이 명제를 분석되지 않은 형태로 이해하게 됨을 동시에 깨달아야 한다(If we know on purely logical grounds, that there must be elementary propositions, then this must be known by everyone who understands propositions in their unanalysed form. Wissen wir aus rein logischen Gründen, daß es Elementarsätze geben muß, dann muß es jeder wissen, der die Sätze in ihrer unanalysierten Form versteht) (*Tractatus*).

과 용어로 이것을 계산하고 조율함을 의미하며 종국에는 언어적 타성에 젖게 만든다. 그렇다면 분석 자체는 선입견과 전제를 수반하게 된다. 더구나, 비트겐슈타인은 해석이란 분석이 아니라 직관에 의해 수시로 다르게 표현될 수 있다고 주장한다.[24]

또한 "모든 것은 다른 것과 구별되지 않은 일부로 오게 되는 법"이라는 스트레더의 주장은 비트겐슈타인의 의미론적 전체주의를 암시한다. 이 의미론적 전체주의는 우리가 한 단어를 이해하려면 그 단어가 포함된 문장이 필요하고, 또 이 문장을 이해하려면 그 문장이 쓰인 구체적 상황이나 문맥이 필요함을 말한다(Gier 204-06). 다시 말해서 어떤 사물을 이해할 수 있으려면, 그 사물이 포함된 상위의 문맥이 필요한 것이다. 한 사물이 가진 의미는 그것이 놓인 구체적인 상황과 문맥에서만 발생하며, 의미의 발생은 모든 것이 내적으로 서로에 연결되어 있는 전체의 시스템이나 그물망 속에서 가능하다.[25] 또한 스트레더는 마음의 상태, 이해, 대화에 대해 설명한다.

---

24) 3. 3442 복잡한 기호들은 결코 자의적으로 분석되고 분해되는 것이 아니다. 다만 그것들이 사용되는 각 문맥 구조에서 사용될 때마다 다르게 해석될 뿐이다(The sign of the complex is not arbitrarily resolved in the analysis, in such a way that its resolution would be different in every propositional structure. Das Zeichen des Komplexes löst sich auch bei der Analyse nicht willkürlich auf, so daß etwa seine Auflösung in jedem Satzgefüge eine andere wäre)(*Tractatus*).

25) 5. 252 일련의 형식 구조 속에서 그 성분들은 내적으로 서로 연결되어 있다(Only in this way is the progress from term to term in a formal series possible. Nur so ist das Fortschreiten von Glied zu Glied in einer Formenreihe möglich)(*Tractatus*).
길 AC를 이해한다면 길 BC 또한 이해해야 한다. …… 즉 하나의 시스템 속에서 이해해야 한다(If he understands path AC he must also

"내가 여기 온 건 우리의 공통의 마음 상태의 결과요 물론 그때부터 미동도 없이 흘러나오는 빛이 우리를 더욱 기묘한 지식 속에 표류하게 한 것 같소."라는 스트레더의 고백은 그의 마음 상태가 비오네 부인의 생활 방식을 포함한 파리의 생활환경과 상호 작용하고 "대화"하여 "더욱 기묘한 지식"을 얻게 되는 과정을 보여준다. 동시에 이 과정은 윌리엄즈의 설명대로, 정확히 현상학적 방식을 통해 다른 세계를 발견하거나 재발견하는 과정이 된다.

따라서 포콕 부인에게 채드를 "있는 그대로 좋아하고, 어머니께 그 일의 전말을 알기 쉽게 보고하라."(*A* 418)고 요구하는 스트레더는, 사실상 그녀에게 울렛의 규정과 잣대로 현재의 채드의 모습을 분석하거나 계산하지 말고 있는 그대로 보고 기술하라고 촉구하고 있다. 즉 파리라는 환경에서 보이는 그대로 채드를 보고 이해할 것을 요구한다. 여기서 파리의 언어 게임의 문맥 속에 드러나는 채드는 비트겐슈타인의 그래머 개념의 아주 좋은 예가 되는데, 스스로 드러나는 사실의 잠정적 성격의 현상학을 예시한다. 따라서 사라가 보고 있는 채드의 이미지는 특정한 정황 속에서 함축되는 의미를 결여한 것인데, 채드의 모습을 파리의 문맥에서 드러나는 대로 보고 기술하는 것이 아니라 울렛의 선입견 속에서 미리 규정해 놓고 있기 때문이다.

이러한 일체의 것이 바로 스트레더가 파리를 보고 경험하면서 파리의 삶의 양식과 언어 게임을 배우고 깨달아 가는 현상학적 방식이 된다. 결국 그는 채드와 비오네 부인의 관계를 이해하고 그 결과물

---

understand path BC······ he must understand in a system) (*Lectures, Cambridge 1930 −32* 54).

을 채드의 "복된 발전"으로 정의한다. 반면, 울렛의 굴레 속에 갇혀 파리문화를 기술할 수 없는 사라는 이 관계를 "끔찍하다"고 말한다.

'당신은 결단코 채드의 복된 발전을 이해할 수 없소?' '복된 것이라 뇨?' 그녀는 반문했다. 그리고 준비하고 다음과 같이 말했다. '난 그걸 끔찍하다고 말하겠어요.'

'You don't, on your honour, appreciate Chad's fortunate development?' 'Fortunate?' she echoed again. And indeed she was prepared. 'I call it hideous.'(*A* 421)

사라는 결코 파리의 언어 게임과 삶의 양식을 즐거워하지 않고 이를 완강히 거부해서 채드와 스트레더는 "더 이상 어떻게 해 볼 희 망의 여지가 없게"(leaves us on that side nothing more to hope)(*A* 432) 된다. 그러나 스트레더는 자신과 비오네 부인의 관계에 있어서 "새로운 국면"에 도달한 것에 기뻐한다.

그는 자신과 비오네 부인의 관계의 새로운 국면에 접어든 후 오래 지 않아 채드의 이름을 입에 올리지 않게 된 것을 떠올렸다. 자신의 뇌리에 맴돌았던 것 중 하나는 이 여성과의 관계에서 새로운 국면에 도달했다는 즐거운 편리함이었다. 스트레더는 등을 대고 누워 생각했 다. 그녀를 시험해 볼 때 그녀가 빚을 온갖 종류의 상황들을. 그리고 그녀가 그 상황들을 구체적인 사건으로 제시할 수 있다고 믿었다.
그는 이제 자신이 공평한 마음을 가졌으므로, 그녀 자신도 그래야 한다고 생각해 주기를 원했다. 또 그녀는 그렇게 생각하고 있다고 보여주었다(showed). 그래서 그는 자신이 고마워하고 있음을 보여주었다 (showed). 마치 그가 처음으로 그녀를 방문하고 있는 듯했다. 하지만 그들은 이미 이전에도 쓸모없는 만남을 가졌었다. 그래서 그들이 얼마나 공통점이 많은가를 더 일찍 알았더라면 건너뛰어 버려야 할 무미건조한 일들이 많은 것처럼 보였다.

it was not till later even that he remembered how, with their new tone, they hadn't so much as mentioned the name of Chad himself. One of the things that most lingered with him on his hillside was this delightful facility, with such a woman, of arriving at a new tone; he thought, as he lay on his back, of all the tones she might make possible if one were to try her, and at any rate of the probability that one could trust her to fit them to occasions.

He had wanted her to feel that, as he was disinterested now, so she herself should be, and she had showed she felt it, and he had showed he was grateful, and it had been for all the world as if he were calling for the first time. They had had other, but irrelevant, meetings; it was quite as if, had they sooner known how much they really had in common, there were quantities of comparatively dull matters they might have skipped(*A* 456).

여기서 제임스는 스스로 드러나는 사실의 잠정적 성격의 현상학에서 중요한 개념인 "보여주다"(show)라는 동사를 선택하고 있다. 역시 비트겐슈타인은 현상의 내용과 형식이 아무런 전제 사항 없이 "스스로를 보여주는"(show itself) 현상학적 방식을 강조한다. 여기서 "보여주다"의 어원학적 근거를 들 수 있다. 독일어 "sagen"(say, speak)

의 어원은 "보여주다"(show)를 의미하고, 존재론적, 실존적 차원을 내포한다. 따라서 "말하다"(say)라는 말은 원래 항상 "보여주다" (show)를 의미한다.

이 "보여주기" 개념과 더불어, 제임스는 현상학의 또 다른 본질적 요소가 되는 "현장 존재"(being on the real field, Darstellung) 개념을 극화한다. 이런 관점에서 그래엄의 지적은 설득력이 있다. 즉 제임스의 내러티브 방식은 눈으로 볼 수 있는 것이다. 이 내러티브 방식은 곧 장면이 되기 때문에, 독자들은 가까이 있는 사물처럼 손으로 만질 수 있는 방식으로 그 물리적 정황과 분위기, 심리적 뉘앙스가 펼쳐지는 것을 목격하게 된다(56-57). 이러한 제임스의 현상학은 스트레더가 파리 세계를 이해하는 긴 여정 끝에 시골 소풍 장면을 극화하면서, 스트레더가 도달하는 최종적 해석적 지평을 의미하고 기술한다. 즉 제임스 현상학이 가진 현장 존재 개념을 다음과 같은 장면으로 구체화하고 있다.

그는 수 마일을 걸었지만 피곤한 줄 몰랐다. 오히려 하루 종일 혼자였지만 자신이 즐거워하고 있음을 알았다. …… 왜냐하면 그림 같은 풍경이 주는 매력이 있었기 때문이다. 본질적으로 장면과 무대 그 이상이었다. 이 연극의 분위기는 버드나무 가지의 바스락거림과 하늘의 색조에 있었다. …… 스트레더가 편안한 최고의 만남을 위해 안주인과 약속을 정할 때 셰발 블랑의 작은 뜰에서 그랬던 것만큼, 다른 어느 곳에서도 이 상황은 울렛과의 차이를 그렇게 뚜렷이 새겨놓지 못했다. 이 상황은 극히 드문 일이었고 단순하고 소박했지만, 스트레더가 말하듯이, 제국의 망령이 걸어 들어온 비오네 부인의 낡고 높은 처소보다 더 본질(*the thing*) 그 자체였다. 본질 그것은 그가 파고들어야 했던 많은 다른 것들을 함축하는 것이었다. 이것은 물론 기묘하지만 그런 것이었고 여기서 함축된 것은 완벽했다. 그가 관찰한 것 중 어느 한 가지도 바로 그 현장에 맞아떨어지지 않는 것이란 없었다. 더욱 서늘한 저녁에 부는 어떤 미풍도 그 상황의 문맥에서 벗어난 적이 없었다. 이 상황은 단순히, 압축하자면, 이러한 현장들에는 그러한 사물들이 있어야 했고, 만약 이것들 중 어느 하나를 빼낸다면 설명을 해야 하는 그런 것이었다.

He had walked many miles and didn't know he was tired; but he still knew he was amused, and even that, though he had been alone all day ⋯⋯ For this had been all day at bottom the spell of the picture ─ that it was essentially more than anything else a scene and a stage. That the very air of the play was in the rustle of the willows and the tone of the sky ⋯⋯ The conditions had nowhere so asserted their difference from those of Woollett as they appeared to him to assert it in the little court of the Cheval Blanc while he arranged with his hostess for a comfortable climax. They were few and simple, scant and humble, but they were *the thing*, as he would have called it, even to a greater degree than Madame de Vionnet's old high salon where the ghost of the Empire walked. 'The' thing was the thing that implied the greatest number of other things of the sort he had had to tackle; and it was queer of course, but so it was ─ the implication here was complete. Not a single one of his observations but somehow fell into a place in it; not a breath of the cooler evening that wasn't somehow a syllable of the text. The text was simply, when condensed, that in *these* places such things were, and that if it was in them one elected to move about one had to make one's account with what one lighted on(*A* 457─58).

스트레더는 파리의 전원 마을을 거닐며 "즐거워하는데", 하루 종일 많은 곳들을 둘러보며 "본질 그 자체"를 발견한다. 이 본질을 발견했다는 것은 그가 파리의 삶의 양식에 대한 이해에 도달했다는 것을 의미한다. P. M. S. 해커(P. M. S. Hacker)에 따르면, 현상학은 "현장 존재"(Darstellung, being on the real field) 개념을 포함하는데(151), 이는 단순한 상상과는 다른 것이다. 마찬가지로, 하이데거는 이해는 "보기"(seeing)에 기초되어 있으며, "현존"(Dasein)의 기본적 보기는 언표 이전의 "둘러보기"(Umsicht)라고 말하면서 모든 종류의 직관, 지각과 사고는 "존재의 둘러보기"에 달려 있다고 주장한다(*Being and Time* 147). 많은 장소들을 직접 둘러보고 있는 이 장면에서 스트레더는 울렛의 언어 게임으로부터 숨겨지고 공인되지 않은 이 장소들의 의미를 완벽하게 발견하게 된다.

뉴섬 부인과 포콕 부인이 비오네 부인의 낡고 초라한 집을 직접 둘러봐야 한다는 스트레더의 요구(*A* 362)는 그래서 타당성이 있다. 뉴섬 부인은 비오네 부인에 대해 설명을 듣는 것으로 비오네의 삶의 양식을 이해할 수 없는데, 귀로 듣는 행위는 단지 상상만을 유도하기 때문이다. 더구나 자신의 언어 게임과 삶의 양식에 함몰된 뉴섬 부인에게는 비오네의 삶의 양식은 설명하거나 "기술할 수 없는 것"(undescribable)(*A* 362)으로 남을 수밖에 없다. 스트레더의 말처럼, 비오네의 삶의 양식은 "직접 현장에 가봐야 알 수 있는 것"(*A* 362)이기 때문이다. 무엇인가를 이해하려면 생생한 현장에 가서 둘러보아야 한다는 개념이 하이데거가 말한 "존재의 둘러보기"인데, 비트겐슈타인의 "개관" 개념과 동일하다. 비트겐슈타인의 개관은, 하이데거의 둘러보기처럼 본질적으로 통합적이다. 통합적인 개관은 사물을 바라볼 때, 아무런 기존 전제 사항 없이 의미가 통하는 방식으로 사실들을 조합하고 기술하는 것이다. 이는 현상학적 방식에 의한 창의의 실현이라고 볼 수 있다.[26]

새로운 언어 게임의 창의에 대한 또 한 가지 중요한 실천적 요소는 다음과 같이 비오네 부인이 사라에게 건넨 대화 내용 속에서 발견된다.

> '제가 종합하자면, 그렇게 짧은 기간 동안 어느 누구보다 파리를 더 잘 알게 되고 사랑하게 된 사람이 바로 스트레더예요. 그러니까 핵심을 말하자면, 스트레더와 당신의 남동생 사이에서, 당신은 어떻게 좋은 길잡이가 부족할 수 있겠어요? 스트레더 씨가 당신에게 보여줄 테지만, 가장 좋은 건' 그녀는 미소 지었다. '우리의 자아가 스스로 행동하게 하는 것이죠.'

> 'It's he, I gather, who has learnt to know his Paris, and to love it, better than any one ever before in so short a time; so that between him and your brother, when it comes to the point, how can you possibly want for good guidance? The great thing, Mr Strether will show you' she smiled, 'is just to let one's self go.'(*A* 338)

비오네 부인은 사라에게 파리의 언어 게임을 이해하려면, 스트레더와 채드의 "좋은 안내"는 별도로 하고, 그녀의 "자아가 스스로 행

---

26) 윌리엄즈는 현상학은 편협하거나 독단적인 이론적 학파가 아니라, 적용 범위가 넓고 창조적인 지성적 접근 방식으로서 의미가 있다고 지적한다(1).

동하게" 해야 한다고 말한다. 자아가 스스로 행동하게 한다는 것은 유아주의를 암시한다. 비트겐슈타인에 따르면 유아주의는 단순한 기분이나 환상이 아니라 "순수한 사실주의와 일치"(Tractatus 5. 64)한다. 순수한 사실주의에 입각한 유아주의는 자아가 현실과 사실을 순수하게 기술함으로써 새롭고 독창적이며 표준화되지 않은 언어 및 언어 게임을 창출할 수 있다. 이러한 유아주의의 타당성은, "이 세계가 나의 세계라는 것은 언어(나 혼자서 이해하는 언어)의 한계가 나의 세계의 한계가 됨을 의미한다."(5. 62 That the world is *my* world, shows itself in the fact that the limits of the language(*the* language which I understand) mean the limits of *my* world. Daß die Welt meine Welt ist, das zeigt sich darin, daß die Grenzen der Sprache(der Sprache, die allein ich verstehe) die Grenzen meiner Welt bedeuten)(*Tractatus*)는 명제에서 발견된다. 즉 세계는 내가 아는 만큼 보일 수 있고, 그래서 세계는 나의 세계가 되는 것이다. 또한 후설은 이러한 자아와 대상 세계의 관계를 지향성 개념으로 설명한다. 말하자면 계속적인 현상학적 환원을 통해 대상 그 자체로 집중하면서 기존의 고정된 의미나 편견을 그 대상에서 벗겨내어 대상의 본질을 인식하는 과정에서 우리는 "자아 자체에 의지"(rest on the ego itself)하게 된다(*The Paris Lectures* 22). 결국 이 지향성 개념은 자아와 대상 세계를 중개해 준다. 따라서 스트레더는 자아 스스로의 행동을 통해 인식의 새로운 지평을 얻는 데 성공한다. 이 새로운 자각은 스트레더가 시골 소풍 중 목격하게 되는 채드와 비오네 부인의 보트 놀이 장면에서 극화의 정점을 이룬다.

스트레더가 본 것은 정확히 옳은 것이었다. 만곡을 돌아 나오며 노를 젓고 있는 한 남자 그리고 선미에서 분홍 파라솔을 든 숙녀가 타고 있는 보트를 보았다. …… 그는 즉시 자신이 그들을 두 명의 아주 행복한 사람들로 여기고 있음을 느꼈다. 셔츠 차림의 청년과, 느긋하고 아름다운 숙녀로. 두 사람은 다른 장소에 있다가 즐겁게 빠져나와 이웃 사람들과 면식이 있기 때문에 이 특별한 도망이 주는 기쁨을 알고 있는 듯했다. 대기는 그들이 접근해 올수록 더 깊은 암시로 짙어졌다. 그들이 노련하고 서로 친숙했으며 자주 함께 있었기 때문에 결코 이번이 처음이 아니라는 암시였다. 그들은 어떻게 할지 알고 있다고 그는 막연하게 느꼈다.

What he(Strether) saw was exactly the right thing－a boat advancing round the bend and containing a man who held the paddles and a lady, at the stern, with a pink parasol. …… For two very happy persons he found himself straightway taking them－a young man in shirt－sleeves, a young woman easy and fair, who had pulled pleasantly up from some other place and, being acquainted with the neighbourhood, had known what this particular retreat could offer them. The air quite thickened, at their approach, with further intimations; the intimation that they were expert, familiar, frequent－that this wouldn't at all events be the first time. They knew how to do it, he vaguely felt(*A* 461).

여기서 스트레더는 파리의 시골을 직접 "둘러보기" 하면서 채드와 비오네의 보트 놀이 장면을 "개관"하게 되는데, 이때 한층 더 높은 이해의 차원에 도달한다. "아무것도 아직 결론지을 수 없다."(Nothing is concluded)고 고백한 스트레더는 이렇게 파리의 시골을 여행하면서 채드와 비오네의 관계에 대한 또 다른 정보를 보고 종합한다. 스트레더는 두 사람 관계에 대한 새로운 사실을 수집하게 되고 기존의 지식에 조합한다. "언어의 실존적-존재론적 토대는 대화 혹은 말하기"(The existential-ontological foundation of language is discourse or talk)(Being and Time 160-61)라는 하이데거의 설명처럼, 스트레더가 이러한 기술적 언어에 의해 새로운 현상을 조합하는 것은 그 특정한 현장에 실존적으로 존재하고 대상과의 교류 및 대화를 통해서 가능한 것이다. 이 보트 장면에서 그는 우연히 두 사람 사이의 불투명하고 빗나간 관계를 목격하게 되면서, 이러한 정황과 열린 마음으로 "대화하고"(discourse) 이를 이해하는 제3의 초월적 단계에 도달한다. 윌리엄즈에 의하면, 스트레더의 이 짧은 시골 소풍이 그로 하여금 이미 확립된 자신의 의미 구조를 굴절시키고 그 결론을 수정하게 하는 강력한 동인은 바로 이 한가로운 시골 풍경에 대한 그의 반응, 즉 대화라는 것이다. 또 스트레더가 예기치 않게 채드와 비오네 부인의 보트 놀이 장면을 목격하면서 자신이 그동안 쌓아 왔던 의미 기호들의 연결 고리를 뒤흔들면서 새로운 의미를 갑작스럽게 이해하는 과정을 보여주는데(87), 이는 현상학적 현현(epiphany)에 다름 아니다. 보트 놀이를 즐기는 두 사람 사이의 불투명한 관계를 이해하면서, 제3의 창의적 인식 지평에 서 있는 스트레더는 울렛의 언어를 재평가하고 긍정하면서 파리의 언어와 삶의 양식에 대한 보다 완전하고 폭넓은 이해를 꾀하게 된다. 이는 그가 파리와 울렛의 언어 게임들이 각기 가진 상대적 가치를 발견하게 되었음을 의미한다. 따라서 윌리엄즈는 다음과 같이 결론을 맺는다.

스트레더에게는 총체적 의식의 혁명이 일어난다. 스트레더는 웨이머쉬의 신성한 분노에 대한 비꼼과 경탄 섞인 사색, 그리고 비오네부인의 오류에 빠지기 쉬운 인간성에 대한 최종적인 동정적 칭찬 사이의 거대한 간극을 한 번에 메워 버린다. …… 그가 울렛에 대한 생각을 접은 이유는 오로지 새롭고 더 균형 잡힌 방식으로 울렛을 되찾고자 함이다. 무엇보다, 그는 자신의 독자적인 판단 방식을 수립하게 되는데, 이 방식은 둘러싸인 풍부한 관계의 맥락 속에서 사물들을 인식함으로써 그 의미의 본질을 꿰뚫는 것이다. 스트레더는 현상학적 혁신자의 전형을 구현하고 있으며, 본질적으로 철학적인 픽션의 중심에 위치해 있다.

Yet for Strether a total revolution of consciousness takes place. A great distance is traversed between his wryly admiring contemplation of Waymarsh's 'sacred rage' and his final compassionate celebration of Mme d Vionnet's magnificently fallible humanity …… he has 'unthought' Woollett, only to regain it in a new and more balanced measure. Most of all, he has established a uniquely individual method of judging, one which penetrates to the heart of what things mean by accepting them in the richness of their enveloping relations. Strether embodies the type of the phenomenological innovator, and he is placed at the heart of an intrinsically philosophical fiction(81).

이런 관점에서, 스트레더가 울렛으로의 귀환을 예고하면서 마리아에게 던지는 말, "이제 우리는 다 왔소."(Then there we are) (*A* 512)는, "총체적 의식의 혁명"을 겪은 스트레더가 도달한 종착점, 즉 창조적 인식의 정점을 상징한다고 볼 수 있다.

Ⅳ. 『여인의 초상』과 『황금 주발』에 나타난 제임스의 현상학

❶ 『여인의 초상』(*The Portrait of a Lady*)

⠒ ❧

1) 당혹감과 깨달음의 현상학

제임스의 전기 작가 이델은 제임스의 유명한 미술관 악몽 사건[27] 이 출판물 실패로 인해 한동안 계속된 침체로부터 그가 벗어나게 했다고 설명한다. 이 꿈을 꾸면서 제임스는 적극적인 자기주장과 놀랄 만한 또 다른 자아 혹은 형 윌리암의 비상을 체험하게 되고 출판 실패로 잃었던 자신감과 확신을 회복할 수 있게 되었다. 즉 이 악몽

---

[27] 제임스는 이 악몽을 다음과 같이 묘사하고 있다. "문을 바깥으로 밀어내면서 미술관 내에서 나 스스로 충동에 따라 행동했을 때 전광처럼 깨닫게 되었던 충동의 승리감은 위대한 것이었다. 하지만 전체의 훌륭한 요점은 나의 최후 인식의 경이로움에있다. …… 그 운둔을 드러낸 전광은 또한 그 놀라운 장소, 그리고 똑같이 놀라운 연출로 오래전 그곳에서의 내 젊은 상상력에 가득 찬 삶을 드러내 주었다."(The triumph of my impulse, perceived in a flash as I acted on it myself at a bound, forcing the door outward, was the grand thing, but the great point of the whole was the wonder of my final recognition. …… The lightning that revealed the retreat revealed also the wondrous place and, by the same amazing play, my young imaginative life in it of long before. ……)(*Autobiography* 196−97).

을 꾸는 제임스는 비록 불안과 좌절을 느꼈지만 즉시 어떤 승리감을 체험했는데, 이 승리감이 바로 그의 오랜 침체로부터 벗어나게 했던 것이다(*Henry James: The Master* 445). 깊은 상실감과 우울에서 제임스를 해방시켰다고 볼 수 있는 이 악몽 사건은 제임스의 자전적 연구서인 『작은 소년과 다른 사람들』(*A Small Boy and Others*)에 극화되어 있는데, 마이스너는 이 꿈에 대한 묘사가 제임스의 해석학이 가진 본질적인 특징을 설명해 준다고 주장한다. 제임스의 해석학은 기본적으로 "당혹감"(bewilderment)과 "깨달음"(enlightenment)의 변증 구조로 되어 있다. 우선 소설의 인물이 이해를 하지 못해 당혹감에 빠져 있다가 새로운 깨달음에 도달한다는 것인데, 이러한 이해의 실패가 바로 이해의 매개가 되는 변증법은 모든 제임스 픽션의 중심적 양상을 형성하고 있다(32).

한편, 어마스(Elizabeth Deeds Ermarth)는 『영소설의 사실주의와 합의』(*Realism and Consensus in the English Novel*)에서 영소설사에 나타난 사실주의의 합의와 일치의 문제를 심도 있게 분석하고 있는데, 특히 제임스는 사실에 대한 합의가 일치하지 않아 서로 갈등하는 양상을 소설을 통해 다루고 있다고 말한다. 그리고 『사자들』과 『여인의 초상』에 대해 다음과 같이 언급하고 있다.

중심인물의 마음을 바싹 좇아가면서, 『여인의 초상』과 『사자들』은 경험에서 얻는 의미를 추적하는데, 마치 큰 타격을 받은 것처럼 인물이 그동안 보아왔던 사물에 대해 전적으로 다른 시각에 갑자기 부딪히는 지점에 당도하게 된다. 이자벨 아쳐와 램버트 스트레더가 순간적으로 타인들의 시각을 통해 사물을 보게 될 때, 이 순간은 그들이 지녔던 전체의식을 뒤흔드는 혁명적 순간이 된다.

Closely following the mind of a central cahracter, *The Portait of a Lady* and *The Ambassadors* follow the sense they make of experience until the point when, like a blow, the character accidentally meets with an entirely differnet vision of what she or he had seen. When Isabel Archer and Lambert Strether look at things through others' eyes momentarily, the moment revolutionizes their entire consciousness (Ermarth 260).

어마스는 사실에 대한 합의와 일치는 보는 시각에 따라 다르기 때문에 갈등할 수 있고, 보는 시각의 차이로 인한 새로운 깨달음은 전 의식을 일시에 뒤흔드는 혁명적 사건으로 간주하고 있다. 스트레더와 이자벨은 각각 전적으로 다른 시점과 시각을 발견함으로써 전에는 볼 수 없었던 새로운 세계를 발견하게 되며 이는 현상학적 깨달음의 순간이 된다. 『사자들』에서 스트레더는 파리의 새로운 환경을 접하면서 그 새로운 문화 텍스트를 이해하지 못하고 당혹스러워하지만 결국 이 당혹감을 통해 울렛의 낡은 가치관에 의문을 품게 되고 점차 파리 고유의 삶의 양식에 동화되어 가면서 채드와 비오네 부인의 관계를 깨닫게 된다. 또 『황금 주발』에서는 샬롯과 아메리고의 관계에 의혹의 눈길을 던지고 있던 매기가 그 불륜 관계를 직관하고 확실하게 인지하게 된다. 이 인지의 확실한 증거는 황금 주발이 깨지는 순간 나타난다. 매기는 이렇게 아메리고와 샬롯의 관계를 직관하면서 자신과 아버지, 아메리고와 샬롯 사이에 얽힌 복잡한 사각 관계의 진상을 파악하게 되고 동시에 그 문제를 푸는 실마리를 마련한다. 『여인의 초상』에서는 자신이 겪고 있는 모든 상황에 대해 혼란스러워하던 이자벨이 오스몬드가 의자에 앉아 있고 멀 부인은 앞에 서 있는 장면을 목격함으로써 갑작스러운 깨달음을 얻게 되는 것이다.

그러므로 이러한 당혹과 깨달음이라는 변증 구조에는 현상학적 판단 중지 및 직관의 순간이 내재해 있다고 볼 수 있다. 마이스너는 이를 현상학적, 해석학적 "현현"(epiphany)이라 부르고 있는데, 이는 바로 자유로운 해방의 상황이라는 것이다(33). 다시 말해, 제임스 소설의 주인공들은 각기 갑작스러운 깨달음, 즉 현상학적 현현의 순간을 통해 이전의 오해와 무지에서 기인한 당혹감에서 해방되는 순간을 맞고 있다. 마이스너는 제임스의 연속되는 꿈의 재현에 나타난 자전적 요소를 이델보다 더욱 강조하면서 제임스의 내러티브 역학을 정밀히 탐색하고 있다. 이 꿈에서 발견되는 것이 바로 제임스의 현상학적, 해석학적 현현이며, 제임스의 등장인물들이 소설 속에서 아주 중대한 순간에 똑같이 경험하는 것이다. 제임스는 텍스트 속에서 예기치 않은 변칙적 사건으로 야기되는 특별한 해석적 순간을 훌륭하게 극화시킨다(33). 이는 『여인의 초상』의 다음과 같은 장면에서 효과적으로 제시되어 있다.

응접실 문지방을 막 넘어선 그녀는 갑자기 멈추어 섰다. 그 이유는 그녀가 어떤 인상을 받았기 때문이었다. 이 인상은, 엄밀히 말하면 전혀 예상하지 못한 것은 아니었다. 하지만 그녀는 그걸 새롭게 느꼈고, 그녀의 발자국은 소리가 나지 않았기에, 잠깐 동안 그 장면을 방해하지 않고 엿볼 수 있었다. 멀 부인은 보넷 모자를 쓴 채 거기에 서 있었고 길버트 오스몬드는 그녀에게 말하고 있었다. 잠시 동안 그들은 그녀가 들어온 것을 알지 못했다. …… 멀 부인은 난롯불에서 좀 떨어져 양탄자 위에 서 있었다. 오스몬드는 깊은 안락의자에 등을 대고 앉아 멀 부인을 주시하고 있었다. 멀 부인의 머리는 평소처럼 곧추 세워져 있었지만 그녀의 시선은 오스몬드의 눈을 내려다보고 있었다. 처음 이자벨의 뇌리를 스친 것은 멀 부인이 서 있는 동안 오스몬드는 앉아 있었다는 점이다. 즉 이 장면에는 그녀를 사로잡는 변칙적인 무엇인가가 있었던 것이다. …… 그러나 이 한순간 지속된 본질은 갑작스러운 불꽃처럼 하나의 이미지를 형성했다. 그들이 자리한 상대적인 위치, 빨려들 듯이 서로를 응시하는 모습을 본 이자벨의 마음에는 어떤 의혹이 스쳐 지나갔던 것이다.

Just beyond the threshold of the drawingroom she stopped short, the reason for her doing so being that she had received an impression. The impression had, in strictness, nothing unprecdededented; but she felt it as something new, and the soundlessness of her step gave her time to take in the scene before she interrupted it. Madame Merle was there in her bonnet, and Gilbert Osmond was talking to her; for a minute they were unaware she had come in …… Madame Merle was standing on the rug, a little way from the fire; Osmond was in a deep chair, leaning back and looking at her. Her head was erect, as usual, but her eyes were bent on his. What struck Isable first was that he was sitting while Madame Merle stood; there was an anomaly in this that arrested her. …… But the thing made an image, lasting only a moment, like a sudden flicker of light. Their relative positions, their absorbed mutual gaze, struck her as something detected(*PL* 457-58).

즉 이자벨의 뇌리를 스쳐간 것은 한순간 지속된 본질이다. 제임스의 독특한 현상학 개념인 "인상"(impressions)은, 이렇게 놀라움을 동반한 극적 깨달음의 순간 이자벨의 의식을 지배한다. 이자벨은 어떤 "인상"을 받으면서, 윌리엄즈가 지적한 바 있는 "한눈에 꿰뚫어 보는 것", 즉 현상학적 직관에 의한 새로운 의미의 조합을 하게 된다. 이러한 이자벨의 현상학적 직관은, 멀 부인은 서 있고 오스몬드는 앉아서 서로를 빨려들 듯이 응시하는 이 장면을 목격했기 때문에 가능한 것이다. 이러한 "보기"(seeing)를 통해 이자벨은 자신을 둘러싼 세계에 대해 기존에 가졌던 의미 체계에 의혹을 품게 된다. 자신의 발전을 돕는 친구로서 생각했던 멀 부인, 그리고 수준 높은 예술 취향에 경도되어 경탄의 대상이었던 남편 오스몬드의 실체, 그리고 이 두 사람의 관계에 대해 의혹의 눈초리를 갖게 되는 이 순간적인 깨달음은, 결국 그녀가 경탄과 상상이 혼합된 취약한 현실 인식에 의한 판단을 중지하면서 가능하게 된다. 그러므로 이것은 이자벨이 오스몬드와 멀 부인에 대한 잘못된 판단에서 탈출하는 현상학적 현현이 된다. 이자벨의 "경야"(night vigil)는 이러한 갑작스러운 깨달음의 연장선상에 놓여 있다.

그래서 그녀는 눈을 비비며 미궁을 헤치고 나와 자신의 상상이 틀림없이 거의 아무런 효과도 없었고 남편의 상상은 더욱 효과가 없었다고 선언했다. …… 하지만 이러한 해결책으로도 오늘 저녁 그녀는 편안하지 못했다. 왜냐하면 그녀의 영혼은 마치 어떤 곳에 가면 곧 생각나는 것처럼 재빠르게 마음에 떠오르는 공포감에 사로잡혀 있었다. 남편이 멀 부인과 더욱 직접적으로 말을 주고받아 그녀가 의혹을 품었던 그날 오후의 광경에서 받은 이상한 인상이 아니었다면, 도대체 무엇이 이 공포감을 강력히 조장했는지 그녀는 몰랐을 것이다. 시시각각, 그러한 인상은 그녀의 마음에 떠올랐고, 이제 그녀는 이러한 인상을 이전엔 왜 느끼지 못했는지 의아하게 생각했다. 또한, 그녀가 30분 정도 나눈 오스몬드와의 짧은 면담은, 그가 손대는 모든 것이 시들어 버리고 그녀의 모든 것들이 그가 바라보기만 하면 몹쓸 것이 되는 그의 힘을 보여주는 놀랄 만한 실례가 되었다. …… 이것은 마치 그가 사악한 눈을 가진 것과 같았다. 그의 존재는 어두운 그림자였고 그의 호의는 불행인 것 같았다. 잘못은 그 자신에게 있었을까 아니면 그녀가 그에 대해 품은 깊은 불신에 있었을까? 이 불신은 그들의 짧은 결혼 생활의 가장 명확한 결과는 아니었다. 그들 사이에는 깊은 심연이 열려 있었는데, 이 심연 너머로 그들은 각자 기만을 당했다고 말하는 듯한 눈으로 서로를 바라보았다. …… 이것은 그녀의 잘못이 아니었다. 그녀는 가장 순수한 확신 속에 첫발을 내디뎠는데, 복잡다단한 삶이 지닌 무한한 전경이 마지막에 가서는 죽은 벽이 둘러 쳐진 어둡고 좁은 회랑임을 갑자기 발견했다.

Then she broke out of the labyrinth, rubbing her eyes, and declard that her imagination surely did her little honour and that her husband's did him even less. …… Such a resolultion, however, brought her this evening but littel peace, for her soul was haunted with terrors which crowded to the foreground of thought as quickly as a place was made for them. What had suddenly set them into livelier motion she hardly knew, unless it were the strange impression she had received in the afternoon of her husband's being in more direct communication with Madame Merle that she suspected. That impression came back to her from time to time, and now she wondered it had never come before.

Besides this, her short interview with Osmond half an hour ago was a striking example of his faculty for making everything wither what he touched, spoiling everything for her that he looked at. …… It was as if he had had the evil eyes; as if his presence were a blight and his favour a misfortune. Was the fault in himself, or only in the deep mistrust she had conceived for him? This mistrust was not the clearest result of their short married life; a gulf had opened between them over which they lookd at each other with eyes that were on either side a declaration for the deception suffered. …… It was not her fault — she had taken all the first steps in the purest confidence, and then she had suddenly found the infinite vista of a mulitplied life to be a dark, narrow alley with a dead wall at the end(*PL* 473 − 75).

이자벨은 여기서 사악한 눈을 지닌 어두운 그림자인 남편 오스몬드의 실체를 파악하게 되고, 자신이 그동안 남편에게 철저히 기만당해 왔음을 깨닫고 깊은 불신감을 느낀다. 그러고 나서야 그녀는, 친구 헨리에타 스텍포울(Henrietta Stackpole)이 "삶은 냉혹한 현실이 될 거야."(it becomes grim reality)(*PL* 268)라고 그녀에게 경고한 것처럼, 자신의 상상의 미궁을 헤치고 나와 어둡고 냉혹한 현실 세계를 직시하게 된다.

2) 실재와 상상의 불일치:
현장 존재의 대화와 자의적 상상의 고립

그렇다면 이자벨의 이러한 갑작스러운 깨달음은, 오만에 가까운 자기 확신감 때문에 현실에 대한 정확한 판단과 인식 없이 자신이 상상으로 빚은 가공의 세계로부터의 탈출을 의미한다. 여기서 이자벨은 자신의 상상이 아무런 효과도 없었음을 시인하면서 그 상상의 미궁에서 탈출하고 있다. 처음에 유럽을 보고 경험하고자 한 이자벨은 체험적인 산 경험을 얻기 이전에 자의적인 상상이 앞서는 아이러니를 범하곤 한다. 이러한 이자벨의 상상력은 소설의 서두에서 자주 묘사된다.

> 습관적으로 그녀의 상상은 우스꽝스러울 정도로 활개를 쳤다. 아직 문이 열리지 않았는데도 그녀의 상상력은 창밖으로 뛰쳐나갔다. 그녀는 정말로 빗장으로 자신의 상상력을 고정시키는 데 익숙하지 않았다.

> Her imagination was by habit ridiculously active; when the door was not open it jumped out of the window. She was not accustomed indeed to keep it behind bolts;(*PL* 86)

그래서 이자벨의 절친한 친구인 헨리에타는 현실 감각 없이 상상에 의해 영위되는 낭만적인 삶의 위험성에 대해 경고하지만 이자벨은 이러한 친구의 충고를 이해하지 못하고 반문한다.

'네게 있는 위험은 네 자신의 꿈속에서만 너무 오래 살고 있다는 거야. 넌 현실과 충분히 접촉하고 있지 않아. 말하자면 네 주위에서 벌어지는 신고와 고역의 현실, 심지어 죄에 찌든 현실의 세계 말이야. 넌 너무나 까다로운 사람이야. 넌 너무 많은 아름다운 환상을 갖고 있어. 넌 최근에 얻은 수천 파운드의 유산 때문에, 그걸 가지려고 혈안이 된 이기적이고 무정한 소수의 사람들 속에 점점 갇히게 될 거야.'

이자벨의 눈은 무서운 장면을 응시하듯 팽창해 있었다. '내 환상이 뭔데?' 그녀는 물었다. '난 환상을 갖지 않으려 노력하는데.' '글쎄' 헨리에타는 대답했다. '넌 네가 낭만적인 삶을 영위할 수 있다고 생각하고 있어. 네 자신을 만족시키고 다른 사람들 마음에도 들면서 살 수 있다고 생각하지. 넌 곧 착각했음을 알게 될 거야. 어떤 삶을 살든 넌 네 영혼을 쏟아 부어야 직성이 풀리지. 성공적인 삶을 이루기 위해서 말이지. 내가 장담하건대, 네가 그렇게 하는 순간부터, 삶은 더 이상 낭만이 되지 않아. 삶은 냉혹한 현실이 될 뿐이지!'

'The peril for you is that you live too much in the world of your own dreams. You're not enough in contact with reality－with the toiling, striving, suffering, I may even say sinning, world that surrounds you. You're too fastidious; you've too many graceful illusions. Your newly－acquired thousands will shut you up more and more to the society of a few selfish and heartless people who will be interested in keeping them up.'

Isabel's eyes expanded as she gazed at this lurid scene. 'What are my illusion?' she asked. 'I try so hard not to have any.'

'Well', said Henrietta, 'you think you can lead a romantic life, that you can live by pleasing yourself and pleasing others. You'll find you're mistaken. Whatever life you lead you must put your soul in it

−to make any sort of success of it; and from the moment you do that it ceases to be romance, I assure you: it becomes grim reality!'(*PL* 267−68)

이러한 헨리에타의 충고가 암시하듯이, 이자벨은 경험 자체를 얻기보다는 그 경험 위에 자신의 상상을 덧칠하면서 상상이 만든 가공의 세계 속으로 침잠하고 현실의 세계와 더욱 고립되어 간다. 이런 의미에서 마이스너가 이자벨의 경험을 "실패한 경험"(failed experience)(Meissner 80)으로 설명한 것은 설득력이 있다. 경험을 통해 이자벨이 세계와 접촉하고 알아간다기보다는 세계와 점점 더 유리되는 입장에 놓이기 때문이다. 이러한 이자벨은, 『사자들』의 사라 포콕이나 웨이머쉬가 파리라는 새로운 현실의 생생한 현장에 가서 직접 둘러보면서도 그들이 기존에 지닌 울렛의 시각을 고수하기 때문에 파리의 삶의 양식을 제대로 이해하지 못하는 것처럼, 현실을 자신의 상상으로 가공시키기 때문에 올바르게 읽어내지 못한다. 즉 현장에 직접 가서 체험하면서도 자의적 상상에 빠져들어서, 직접 가서 둘러보는 "현장 존재"(being on the field, Darstellung) 개념의 기능을 무력화시킨다. "현장 존재" 개념이란 현장에 직접 가서 외부 대상과의 "대화"(discourse)와 교류를 통해 온전한 "이해"(understanding)에 도달하는 것이 그 목적이기 때문이다. 따라서 이자벨은 현실에 대한 온전한 이해가 없는 상상 속에 침잠함으로써 현실의 세계와는 점점 더 멀어진다.

이러한 완전한 고립 상황에서 빚어지는 이자벨의 삶의 정체 현상은 오스몬드와의 결혼을 통해 가속화된다. 오스몬드 역시 외부 세계와 완전히 단절되어 정체된 삶을 살고 있는 전형적 인물이기 때문이다. 스미스의 설명에 따르면, 유형과 전통을 강조하는 오스몬드의 미학과 예술 개념은 비생산적이고 제한적이며, 그의 예술 개념은 단지 수집되고 복사될 수 있는 것에 지나지 않는다(39-40). 소설의 구성상 처음 등장하는 오스몬드에 대한 기술은, 그가 살고 있는 플로렌스의 저택에 대한 묘사로 시작된다. 저택의 모양에 대한 묘사는 외부 세계와 철저히 단절된 고립 생활을 하는 그의 삶을 상징하고 있다.

저택의 정면은 언덕 꼭대기에 자리한 작고 풀이 무성한 텅 빈 전원풍의 광장 위에 위치하고 있었다. 그런데 이 정면은 불규칙하게 정렬된 창문이 있었고, 건축물 토대에 길게 인접해 있어서, 이탈리아에서라면 몇 가지 이유로 자신감 있게 완벽한 수동적 태도를 취하는 사람을 항상 우아하게 감싸는 다소 과소평가된 장점의 분위기가 감도는 한두 사람이 앉아 담소할 수 있는 돌벤치로 꾸며져 있었다. 이 고풍스럽고 단단한, 비바람에 닳은, 하지만 여전히 위풍당당한 정문은 다소 의사소통이 불가능한 것 같은 풍모를 지녔다. 그것은 실제로 저택의 얼굴이 아니라 하나의 가면이었다. 두꺼운 눈꺼풀을 가졌지만 눈은 없었던 것이다. …… 일층의 창문은, 광장에서 바라본 것처럼, 고상한 크기로 극적인 건축미가 있었다. 하지만 이 창문들의 기능은 세상과 대화를 나누도록 하기보다는 세상이 들여다보는 것을 거부하기 위한 것처럼 보였다. 창문들은 두꺼운 격자가 쳐 있었고, 까치발을 해도 창문에 미처 닿기 전 이내 호기심이 사라져 버릴 만한 그런 높이에 있었던 것이다.

The house had a front upon a little grassy, empty, rural piazza which occupied a part of the hill—top: and this front, pierced with a few windows in irregular relations and furnished with a stone bench lengthily adjusted to the the base of the structure and useful as a lounging—place to one or tow persons wearing more or less of that air of undervalued merit which in Italy, for some reanson or other, always gracefully invests any one who confidently assumes a perfectly passive attitude—this antique, solid, weatherworn, yet imposing front had a somewhat incommunicative character. It was the mask, not the face of the house. It had heavy lids, but no eyes. ...... The windows of the ground—floor, as you saw them from the piazza, were, in their noble proportions, extremely architectural; but their function seemed less to offer communication with the world than to defy the world to look in. They were massively cross—barred, and placed at such a height that curiosity, even on tiptoe, expired before it reached them(*PL* 278−29).

수동적 태도를 취하는 사람에게 어울리는 돌벤치라든지, 의사소통이 불가능할 것 같은 정문에 대한 묘사, 바깥세상과의 교류를 나누기보다는 세상이 들여다보지 못하도록 높게 위치한 일층 창문에 대한 설명은, 세상과 대화를 나누기를 거부하고 혼자만의 세계에 침잠한 이 집의 주인인 오스몬드의 성격에 그대로 적용된다. 동시에, 이는 앞으로 일어나게 될 사건에 대한 복선이 된다. 즉 두꺼운 눈꺼풀은 있지만 눈이 없는 저택의 얼굴인 정문이 하나의 가면이라는 묘사는, 오스몬드가 자신의 정체와 의도를 은폐하고 이자벨에게 접근하여 결혼하게 되고, 결혼 생활 중 서서히 이자벨의 자유로운 자아가 오스몬드의 강압적 힘에 의해 새장 안에 갇히는 새처럼 변해가는 불행에 대한 일종의 암시인 것이다. 또한 마음의 창인 눈이 없는 오스몬드가 철저히 고립되어 세상을 보려고(seeing) 하지 않는 삶의 태도의 상징이다. 이렇듯 외부 세계와의 대화를 거부하는 구조의 저택에서 철저한 고립 생활을 영위하는 오스몬드와의 결혼을 통해 그의 완전한 영향권 속으로 함입되는 이자벨은 급속도로 고립 상황에 좌초되면서 그녀의 불행을 예고한다. 마이스너는 이자벨이 인식의 지평을 넓히려는 노력이 부족한데, 세계와의 만남과 대화에 대한 모든 판단을 오스몬드에게 일임함으로써 자신의 세계를 제한하고 있다고 지적한다. 따라서 이자벨은 제임스적인 역동적인 감수성, 즉 모든 대상 세계에 대해 편견 없이 마음을 열고 대화하고 체험하려는 충동으로부터 정적인 감수성으로 이동하게 된다(81-82). 이렇게 경험과 지성의 활동을 멈춘 이자벨의 삶의 고립과 정체 현상은 다음과 같이 기술될 수 있다.

은밀한 관찰이 그녀의 습관이 되어버렸다. 하나의 본능, 이것이 자기 방어와 관련된다면 이 본능을 과장하는 것은 아니지만, 이것도 습관화되었다. 그녀는 가능한 많이 그의 생각을 알기 원했는데, 그가 무엇을 말할 것인가 미리 알아내서 자신이 그 대답을 준비하려고 했다. 예전엔 대답을 준비하는 것이 그녀가 중요하게 생각하는 것이 아니었다. 그녀는 재치 있는 말들을 나중에 생각하는 것 이상을 벗어난 적은 거의 없었다. ……
'내게는 그가 조심스러워 보이는군. 당신이 말하고자 하는 게 그게 아니요?' '저는 아무것도 이름을 붙이지 않아요.' 이자벨은 대답했다.

'그저 당신이 명명할 때까지 기다렸죠.'

Covert observation had become a habit with her; an instinct, of which it is not an exaggeration to say that it was allied to that of self-defence had made it habitual. She wished as much as possible to know his thoughts, to know what he would say, beforehand, so that she might prepare her answer. Preparing answers had not been her strong point of old; she had rarely in this respect got further than thinking afterwards of clever things she might have said. ⋯⋯
'It seems to me he's attentive. Isn't that what you call it?' 'I don't call it anything' said Isabel; 'I've waited for you to give it a name.'(*PL* 467-68)

여기서 이자벨은 자신을 둘러싼 모든 사물, 환경, 경험 등을 지각하고 해석하는 일체의 이해 과정을 오스몬드에게 맡겨 버린다. 예컨대 사물이나 경험에 대한 명명 행위의 주체로서의 위치를 스스로 포기한 이자벨은 오스몬드가 해석을 내려줄 때까지 기다리는 수동적 존재로 전락하고 만다. 하이데거와 비트겐슈타인이 지적했듯이, 경험을 언술하고 언명하는 언어활동을 멈출 때, 삶의 움직임 그 자체는 정체되고 움직이지 않게 되는데, 남편 오스몬드가 대신 사물과 경험에 대한 명명을 해 줄 때까지 기다리는 이자벨의 삶은 분명히 정체된 것이며, 경험이나 대상 세계와의 교류가 없는 고립 상태가 된다. 그렇다면 제임스는 『여인의 초상』의 창작을 통해 대상 세계와 반응하거나 대화하지 않고 순전히 고립되고 수동적인 방관자적 태도로 세계를 대면하는 방식에 대해 이의를 제기하고, 마이스너의 지적처럼 한 영혼이 특별한 지각의 재능을 부여받았음에도, "산 경험"(lived experience)(82)으로 조율되지 못한 방관자적인 세계 이해가 야기할 수 있는 위험에 대해 경종을 울리고 있다고 볼 수 있다. 이자벨은 지속적으로 사물에 대한 고착화된 결론 때문에 경험을 "잘못 해석"(misread)하게 되는데, 자기 자신, 자신의 욕망, 세계와의 해후에 대한 오독이 포함된다(95). 즉 이 자벨이 경야 부분에서 남편의 실체를 파악하게 되면서 자신은 아무도 기만하지 않고 오로지 너무 많이 경탄하고 상상한 것을 믿었을 뿐이 었다고 각성하는데, 사실 현실의 경험을 그 자체로 받아들이기보다 이것에 제멋대로의 상상과 경탄의 덧칠을 가한 이자벨의 인식 유형 은, 사악한 오스몬드와의 헤어날 길 없는 불행한 결혼 생활이라는 너 무나 큰 대가를 치르게 할 만한 중대한 실책이요 잘못인 것이다. 이러 한 이자벨의 취약점을 잘 파악하고 있는 헨리에타는 그녀가 앞으로 저지를 수 있는 실수에 대해 다음과 같이 충고한다.

'너는 너무나 경탄을 좋아하고 있어, 칭찬받기를 좋아하지. 넌 우리 가 낭만적인 시각을 가짐으로써 불쾌한 의무 사항들을 피해갈 수 있 다고 생각해. 친구야, 이게 바로 너의 크나큰 환상이지. 하지만 우리 는 그럴 수 없어. 너는 삶의 현장에 부딪히면서 아무도, 심지어 네 자 신도 만족시킬 수 없다는 걸 알아야 해.'

'You're too fond of admiration, you like to be thought well of. You think we can escape disagreeable duties by taking romantic views —that's your great illusion, my dear. But we can't. You must be prepared on many occasions in life to please no one at all—not even yourself.'(*PL* 268)

마이스너 역시 이자벨이 봉착한 위험이 바로 이 무분별하고 우스꽝스러울 정도로 활발한 상상과 환상에 있다고 설명한다. 이자벨은 세계가 그녀 자신이 경험한 것과 정확히 일치한다고 자의적으로 상상하기 때문에, 자신의 충일감과 이해를 가로막을 수 있는 어떤 장애도 넘길 수 있게 된다. 절대적으로 자유로운 그녀의 공상 세계는 대상과의 어떤 감정의 교류나 노력 혹은 역경이 가져다주는 효과가 개입할 여지가 전혀 없기 때문에 현실의 저항을 도무지 받지 못한다. 오로지 자신의 고립되고 제한된 정신의 지형도에 부합하는 풍경에만 접촉을 시도하는 이자벨은 멋대로의 상상 때문에 해석에 중대한 실책을 범하며 현실에 대한 총체적 재고를 방해할 만큼 편파적 감수성을 노출한다. 사물에 대한 인상이 이미 규정화되어 더 이상 생성되지 않는 이자벨은 오스몬드가 자신의 상상의 세계를 침범하고 수정할 때에도 무력하게 고통을 당할 뿐이다(97). 말하자면 규정화된 인상을 가지고 있는 이자벨은 현상학적, 해석학적 발견을 가져오는 소위 제임스의 인상의 새로운 창출 활동을 멈추고 있으며 따라서 다채로운 객관적 실재의 세계를 접촉할 수 없는 것이다.

그러나 소설의 서두에서 이자벨은 실책을 범하는 어리석은 인물로 묘사되지 않는다. 이자벨은 특별한 지각의 재능을 부여받은 인물로 설정된다.

이자벨 아쳐는 많은 생각을 가진 젊은 여성이었다. 그녀의 상상력은 놀랄 만한 활력을 지녔다. 그녀 주위에 있는 각자의 몫이 정해진 대부분의 사람들보다 그녀가 더 섬세한 마음을 지니고 있으며, 주변의 사실에 대한 더욱 폭넓은 지각력을 가지고 미지의 지식을 좋아한 것은 행운이었다. 사실 동시대인들 사이에서 그녀는 비범한 깊은 내면을 지닌 젊은 여성으로 통했다. 왜냐하면, 특출한 사람들은 자신들이 미처 의식하지 못한 지성을 확장하는 이자벨에게 경탄감을 거두지 못했고, 이자벨을 고전 작가들 작품의 번역본을 읽는 배움의 천재로 칭했기 때문이다.

Isabel Archer was a young person of many theories; her imagination was remarkable active. It had been her fortune to possess a finer mind than most of the persons among whom her lot was cast; to have a larger perception of surrounding facts and to care for knowledge that was tinged with the unfamiliar. It is true that among her contemporaries she passed for a young woman of extraordinary profundity; for these excellent people never withheld their admiration from a reach of intellent of which they themselves were not conscious, and spoke of Isabel as a prodigy of learning, a creature reported to have read the classic authors－in translations(*PL* 103).

이렇게 독립적이고 지적이며 자유를 갈구하는 여성으로 묘사되는 이자벨은 새로운 경험에 부딪혀 보려는 적극적이고 모험심이 강한 진취적 여성이다. 부친의 죽음 후 혼자 남겨진 알바니 출신의 이자벨은 유럽을 여행하라는 이모의 권유를 기꺼이 받아들일 만큼 새로운 세계를 경험하면서 자신의 지적, 도덕적 지평을 넓히려는 의지가 강하다. 이런 면에서 이자벨은 열린 마음으로 새로운 경험을 갈구하는 역동적인 감수성의 소유자 스트레더와 비슷하다. 이러한 이자벨은 소설의 텍스트 속에서 "재빠르고 거침없이 여행을 다니고, 그래서 목마른 사람처럼 연거푸 경험의 잔을 마셨다."(Isabel travelled rapidly and recklessly; she was like a thirsty person draining cup after cup)(*PL* 374)라고 기술되어 있다. 스미스의 표현대로, 이자벨은 세계에 대한 진지한 야망, 그리고 세계 전체를 개인적인 통일감과 의미의 탐색으로 동화하려는 에머슨적인 욕구를 가진 것이다(39). 세계에 대한 이자벨의 의미의 탐색은 그녀가 멀 부인에게 자신이 선택해서 입고 있는 의상에 대한 특별한 이견을 피력하고 있는 장면에서도 잘 극화된다.

'난 당신의 생각에 동의하지 않아요. 난 생각이 달라요. 난 나 자신을 성공적으로 표현하고 있는지 아닌지 모르겠지만, 어떤 것도 나를 표현해 줄 수 없다는 건 알아요. 내게 속한 어떤 것도 나를 잴 수 있는 척도가 되지 못해요. 모든 것은 그 반대로 한계이고, 장벽이며, 그래서 완전히 자의적인 것이죠. 당신이 말하듯, 내가 골라 입는 의복은 분명히 나를 표현해 주지 못해요. 하늘도 그걸 막을 거예요!'
'당신은 옷을 아주 잘 입어요.' 멀 부인은 가볍게 끼어들었다.
'아마 그럴지도 모르죠, 하지만 난 의상으로 판단받는 걸 싫어해요. 내 의상은 재단사를 표현해 줄 수 있겠지요. 하지만 나를 표현해 주진 않아요. 우선 내가 이 의상을 입은 건 나 자신의 선택이 아니에요. 이 의상은 사회가 나에게 부과시킨 것이죠.'

'I don't agree with you. I think just the other way. I don't know whether I succeed in expressing myself, but I know that nothing else expresses me. Nothing that belongs to me is any measure of me; everything's on the contrary a limit, a barrier, and a perfectly arbitrary one. Certainly the clothes which, as you say, I choose to wear, don't express me; and heaven forbid they should!'

'You dress very well' Madame Merle lighly interposed.

'Possibly; but I don't care to be judged by that. My clothes may express the dressmaker, but they don't express me. To begin with it's not my own choice that I wear them; they're imposed upon me by society.'(*PL* 253)

이자벨은 그녀가 갖고 있는 의상, 생각, 생활 방식 등이 진정한 자신의 모습을 표현해 주지 못하고 단지 장벽이고 한계임을 주지하고 있다. 이는 그녀가 자신이 입는 의상조차도 자신이 직접 선택한 것이 아니라 한 사회의 문화 및 의미 체계가 자신에게 부과한 것이라고 말할 만큼 지각력이 있기 때문이다. 또한 이자벨은 멀 부인과의 대면에서 미지의 세계에 대한 그녀의 자유로운 호기심과 직관을 드러내 준다. 즉 유럽에서 오랫동안 살아오면서 체득한 멀 부인의 독특하고 새로운 태도와 행동 유형을 간파하는 이자벨은 관습적 언어로 표현되지 못하는 멀 부인의 특이한 행동이 지닌 의미를 파악한다. 그래서 언어는 단지 관습일 뿐이며 멀 부인은 이러한 관습적 언어를 대표하는 원래의 기호로 자신을 표현하는 체하지 않는다는 기지와 예리한 통찰을 펼쳐 보인다.

멀 부인은 피상적이지 않았다. 전혀 아니었다. 그녀는 깊은 내면을 가졌지만, 관습적 언어를 쓰고 있었기 때문에 그녀의 본성은 그녀의 행동으로 무언가를 이야기하도록 했다. '언어가 대체 관습 이외에는 무엇일까요?' 이자벨은 물었다. '그녀는 말이죠, 내가 그동안 만났던 사람들처럼 원래의 기호로 자신을 표현하는 체하지 않는 좋은 성향을

가지고 있어요.'

Madame Merle was not superficial—not she. She was deep, and her nature spoke none the less in her behaviour because it spoke a convitioanl tougue. 'What's language at all but a convention?' said Isabel. 'She has the good taste not to pretend, like some people I've met, to express herself by original signs.'(*PL* 244)

즉 유럽에서 생활하며 그 삶의 양식을 체득한 멀 부인의 태도와 행동 방식에는 미국 태생인 이자벨의 호기심을 자극할 만한 요소가 다분한 것이다. 따라서 이자벨은 행동으로 무언가를 말하는 멀 부인이 깊은 내면의 소유자라고 생각하며 그녀에게 강한 호감을 갖게 된다. 다른 한편, 이 대화 장면을 스미스는 소설 전체의 주요 주제를 암시한다고 보는데, 유형(style)과 본질, 그리고 이미지와 현실 사이의 불일치라는 문제가 초상이라는 개념 속에 내재해 있다고 주장하면서, 이는 제임스 픽션의 세계가 철두철미하게 제기하는 문제라고 본다(31-32). 말하자면, 언어가 관습 이외에 무엇일까 하는 이자벨의 질문이 암시하고 있듯이, 언어가 관습화될 때 실재와 본질, 현실이 가진 다양성을 포괄할 수 없으며 이때 유형 및 이미지와 실재 사이에 불일치가 형성된다. 이러한 불일치를 타개하기 위해서는 새로운 시각에 의해 현실의 이면을 발견하고 이를 새로운 언어로 기술하는 작업이 필요하다. 결국 『사자들』의 스트레더가 겪은 의식의 혁명은 이러한 새로운 언어와 인식의 지평을 개척한 것에 다름 아니며, 이자벨 역시도 타고난 지력을 발휘하여 처음으로 대면한 멀 부

인에게서 미국적 문화의 관습적 언어로 표현되지 못할 행동 유형을
간파한다.

이자벨의 자유로운 호기심과 미지의 경험에 대한 추구는 그녀의
친구 헨리에타가 한눈에 인식할 수 있을 만큼 그녀에게 변화를 가져
다주고 새로운 생각들을 품게 한다. 더 나아가 이자벨은 가능한 한
새로운 생각들을 많이 가져야 함을 당위론적으로 역설한다.

'그래, 넌 변했어. 여기로 온 후 넌 새로운 사상을 갖게 되었구나.'
그녀의 친구는 계속해서 말했다.

'나도 그러길 바라.' 이자벨은 대답했다. '우리는 가능한 많은 새로
운 생각들을 가져야 해.'

'그래. 하지만 옛 사상들이 옳은 것일 때 새로운 생각들이 옛 사상
을 방해해선 안 되지.'

'…… 넌 변했어. 넌 바로 몇 주 전의 여자가 아니야. 굿우드 씨도
아마 그걸 알게 될 거야. 난 굿우드 씨가 언제 여기로 오길 바라.'

'그렇다면 그는 날 미워하게 될 거라고 생각해.' 이자벨은 말했다.

'Yes, you're changed; you've got new ideas over here' her friend
continued.

'I hope so' said Isabel; 'one should get as many new ideas as
possible.'

'Yes; but they shouldn't interfere with the old noes when the old
ones have been the right ones.'

'…… you have changed. You're not the girl you were a few short
weeks ago, and Mr Goodwood will see it. I expect him here any
day.'

'I hope he'll hate me then' said Isabel(*PL* 152).

그러나 새로운 경험을 갈구하는 이자벨은 완벽하게 다른 체계를 갖춘 세계와 부딪혔을 때 움츠러들고 저항감을 느끼게 된다. 이자벨은 자신이 속한 미국적 체계와는 완전히 다른 체계를 가진 영국을 대표하는 전형적인 귀족 워버튼과의 만남에서 저항감을 느낀다. 워버튼 경은 영국 밖의 다른 세계로부터 단단하게 봉인된 자기 함몰적이고 자기만족적인 확신감으로 가득 차서 새로운 것을 받아들일 만한 공간이 없는 인물이다. 그래서 이자벨은 워버튼 경이 그녀에게 청혼할 때 거절한다. 워버튼 경의 청혼은 그가 소속한 귀족층이 누려온 특권과 호화로운 생활 방식으로 타인들의 부러움의 대상이 되고 있는 영국 귀족 사회의 고유한 체계 안으로 이자벨을 끌어들이려는 기도이며, 그녀가 워버튼의 청혼을 거절한 것은 이러한 기도에 그녀가 반발하고 있다는 의미이다. 동시에 이자벨이 그의 청혼을 거절하고 반발함으로써 그녀 또한 자신이 속한 미국 사회의 체계와 궤도를 가지고 있다는 의식을 깨우치게 된다. 그러면서도 이자벨은 워버튼 경이 가진 시각에서 그의 체계를 보는 것이 흥미로울 것임을 인식한다.

그녀 자신은 도덕적 인격이었다. 그녀는 이 사실을 인식하지 않을 수 없었다. 그리고 지금까지 완전한 의식에 대한 그녀의 비전은 대체로 도덕적 이미지와 관련되었다. 말하자면, 완전한 의식에 관련된 질문들은 이 도덕적 이미지들이 과연 그녀의 고상한 영혼을 기쁘게 해줄 수 있는가에 있었던 것이다. 그러나 워버튼 경은 크고 환하게, 마치 이러한 단순한 법칙으로는 측량할 수 없고 다른 종류의 이해가 필요한 특성과 힘의 결정체로서 그녀 앞에 어렴풋이 나타났다. 재빠르고 제멋대로 판단하는 그녀의 습관대로, 인내심이 부족해 미처 도달하지 못할 거라고 그녀 자신도 느끼고 있는 그런 종류의 이해 말이다. 요컨대, 그는 어느 누구도 엄두조차 낼 수 없는 것을 그녀에게 요구하는 듯 보였다. 그녀가 느낀 것은 그가 지형학적, 정략적, 사회적 거물로서 타인의 시샘을 받으며 살아오고 움직여 온 그 체계 안으로 그녀를 이끌어 들이려는 기도를 품어 왔다는 것이다. 어떤 본능이, 오만하지 않지만 설득력 있는 본능이 그녀에게 이에 저항하라고 말했고, 사실상 그녀도 자기 자신의 체계와 궤도를 가지고 있다고 속삭였다.

She herself was a character—she couldn't help being aware of that; and hitherto her visions of a completed consciousness had concerned themselves largely with moral images—things as to which the question would be whether they pleased her sublime soul. Lord Warburton loomed up before her, largely and brightly, as a collection of attributes and powers which were not to be measured by this simple rule, but which demanded a different sort of appreciation—an appreciation that the girl, with her habit of judging quickly and freely, felt she lacked patience to bestow. He appeared to demand of her something that no one else, as it were, had presumed to do. What she felt was that a territoreal, a political, a social magnate had conceived the design of drawing her into the system in which he rather invidiously lived and moved. A certain instinct, not imperious, but persuasive, told her to resist—murmured to her that virtually she had a system and an orbit of her own(*PL* 156).

따라서 이자벨과 워버튼 경의 대화는 『사자들』에서 스트레더가 채드를 처음 만나 나누는 대화에서 보이는 것처럼 원활한 의사소통이 어려운데, 워버튼 경은 이자벨이 자신을 포함한 영국인들을 경멸하면서 이상한 사람들로 간주한다고 불평한다. 우선 영국이 충분히 좋은 곳이 아니냐는 워버튼의 질문에 이자벨은 우월감에 가득 찬 한 영국 귀족이 자신의 독선적 판단을 자신에게 강요하는 것으로 생각한다. 그래서 워버튼은 가능한 많은 나라들을 둘러보고 싶다는 이자벨에게 새로운 시각으로 판단할 것을 충고한다. 하지만 많은 나라를 여행하면서 즐기기를 바란다는 이자벨의 대답은 판단과 인식이라는 지력의 향상보다는 현실에 대한 낭만적 태도를 보이는 이자벨의 취약성을 드러낸다. 따라서 워버튼은 이자벨이 마음을 향상시킬 수 없다는 선언을 하게 되는 것이며, 자신을 기묘하게 보는 이자벨이 외부에서만, 즉 영국의 삶의 양식 밖의 외부에서만 판단하고 그녀 자신의 상상의 세계 속에서 자기만족을 하고 있다고 지적한다.

  '영국이 당신에겐 충분히 좋은 곳이 아닌가요?'
  '그건 매우 마키아벨리적인 언사군요. 대답이 필요한 질문이 아니니까 말이에요. 전 할 수 있는 한 많은 나라들을 보고 싶어요.'
  '그렇다면 당신은 계속 판단해야 할 거라고 생각해요.'
  '또한 즐기기를 바라죠.' …… '아처 양, 당신은 당신의 마음을 향상시킬 수 없어요.' 그녀의 동료는 선언했다. '당신의 마음은 이미 매우 가공할 만한 도구가 되어버렸어요. 당신의 마음은 우리 모두를 경멸하고 있죠.'
  '당신들을 경멸하다뇨? 당신은 내게 장난을 치고 있군요.' 이자벨은 심각하게 말했다.

'글쎄, 당신은 우리를 "기묘하다"고 생각하니까요. 그게 바로 그거죠. 우선, 난 "기묘하게" 보이고 싶지 않아요. 항의하건대, 난 조금도 기묘하지 않아요.'

'당신의 이 항변이 내가 들어본 것 중 가장 기묘한 것 중의 하나죠.' 이자벨은 미소를 띠고 대답했다.

워버튼 경은 짧은 순간 말이 없었다. '당신은 외부에서만 판단하고 있군요. 당신은 전혀 관심이 없어요.' 그는 즉시 이야기했다. '당신은 오직 당신 자신의 만족에만 급급할 뿐이오.'

'Is England not good enough for you?'

'That's a very Machiavelian speech; it doesn't deserve an answer. I want to see as many countries as I can.'

'Then you'll go on judging, I suppose.'

'Enjoying, I hope, too.' ⋯⋯ 'You can't impove your mind, Miss Archer.' her companion declared. 'It's already a most formidable instrument. It looks down on us all; it despises us.'

'Despises you? You're making fun of me.' said Isabel seriously.

'Well, you think us "quaint" − that's the same thing. I won't be thought "quaint", to begin with; I'm not so in the least. I protest.'

'That protest is one of the quaintest things I ve'ever heard.' Isabel answered with a smile.

Lord Warburton was briefly silent. 'You judge only from the outside − you don't care.' he said presently. 'You only care to amuse yourself.'(PL 133−34)

위 장면에서 보이듯이, 영국을 새롭게 경험하는 이자벨은 이러한 경험을 통해 자신의 언어와 인식 세계를 넓히려는 시도보다는 단지 자신의 상상의 잣대로 즐기려는 태도로 일관한다. 따라서 오스몬드의 청혼을 거절하고 1년 남짓 세계를 여행하고 돌아온 이자벨은 충분히 세계를 보고 이해했다는 자만과 환상에 매몰된다.

그녀는 세계를 돌아보면서 보낸 그해 경험으로 자신이 진지하고 확실히 더욱 진중해졌다고 생각했다. 그녀는 이렇게 말했을 것이다. 자신은 여러 곳을 돌아다니면서 인간에 대해 많이 탐구했고 따라서 지금, 자신의 눈으로 보건대, 2년 전 가든 코트의 잔디밭 위에 서서 유럽에 대해 가늠해 보기 시작한 알바니 출신의 경솔한 젊은 여성과는 전혀 다른 사람이 되어 있었다.

Grave she found herself, and positively more weighted, as by the experience of the lapse of the year she had spent in seeing the world. She had ranged, she would have said, through space and surveyed much of mankind, and was therefore now, in her own eyes, a very different person from the frivolous young woman from Albany who had begun to take the measure of Europe on the lawn at Gardencourt a couple years before(*PL* 370).

스미스도 지적하고 있듯이, "이자벨이 구세계 미학과 예술의 최고 전형과 자신을 동일시해 주기를 바라는 오스몬드"(he wants Isabel to desire, exclusively, him, and to identify him as a prime exemplar of the aesthetic of the Old World)(39)의 유도에 넘어가 그의 청혼을 수락한 것은, 바로 이러한 이자벨이 당도한 미성숙하고 설부른 발전 상태가 빚은 속단과 낭만적 환상 때문이다. 이자벨이 오스몬드와 결혼한 것에 놀란 랠프와의 대화에서도 이자벨의 섣부른 자만심은 드러난다.

'난 놀라움을 극복하지 못할 것 같소.' 그는 마침내 입을 열었다. '난 당신이 어디에도 구속받지 않을 사람으로 기대했소.'

'전 당신이 왜 그걸 구속이라고 말하는지 모르겠어요.'

'당신이 우리 안으로 갇히게 될 것이기 때문이오.'

'그 우리도 내가 좋아한다면 당신은 괴로워할 필요가 없죠.' 그녀는 대답했다.

'내가 놀라는 것이 바로 그거요. 내가 생각한 것도 바로 이 점이고.'

'당신이 생각해 보셨다면 내가 어떻게 생각하는지도 상상해 볼 수 있을 텐데요! 난 잘 지내고 있고 만족해요.'

'당신은 너무나 많이 변한 게 틀림없소. 일 년 전에 당신은 무엇보다 당신의 자유를 가장 중요하게 생각했소. 당신은 오직 삶 자체를 보기 원했소.'

'전 그걸 이미 봤어요.' 이자벨은 말했다.

'I think I've hardly got over my surprise.' he went on at last. 'You were the last person I expected to see caught.'

'I don't know why you call it caught.'

'Because you're going to be put into a cage.'

'If I like my cage, that needn't trouble you.' she answered.

'That's what I wonder at; that's what I've been thinking of.'

'If you've been thinking you may imagine how I've thought! I'm satisfied that I'm doing well.'

'You must have changed immensely. A year ago you valued your liberty beyond everything. You wanted only to see life.'

'I've seen it.' said Isabel(*PL* 392).

위와 같은 랠프와의 대화 내용에서 보이듯이, 처음에 이자벨은 무엇보다 자유를 갈구하며 삶 자체를 보고 경험하기를 원하는 여성이었다. 그러나 오스몬드와의 결혼을 우리 안에 갇힌 것으로 표현하는 랠프에게 이자벨은 자신이 그 우리의 구속도 좋아한다면 전혀 문제가 되지 않는다는 답변을 내림으로써, 여행 전 지적 탐험가로서의 면모를 완전히 상실한 이자벨의 모습을 보여준다. 더 나아가 이자벨은 이미 삶을 다 보았다는 자만을 표출하는데, 랠프에게 "자신은 근 1, 2년 동안 삶을 보았고, 이미 삶의 행위가 아닌 관찰 행위에 싫증이 났다."(she had 'seen life' in a year or two and that she was already tired, not of the act of living, but of that of observing)(*PL* 403)고 선언하기에 이른다.

한편, 미지의 세계에 대한 이자벨의 호기심을 자극하고 상상을 불어넣어 준 멀 부인은 이자벨이 거대한 유산의 상속녀임을 알게 되자, 오스몬드와 결혼을 시킴으로써 그녀의 재산을 가로챌 계략을 꾸민다. 하지만 여전히 새로운 현실을 경험하면서 판단하려는 노력이 부족한 이자벨은 플로렌스(Florence)라는 새로운 환경, 그리고 그러한 환경 속에서 멀 부인의 소개로 만난 오스몬드와 그의 딸 팬지 오스몬드(Pansy Osmond)에 대해서도 올바른 판단을 하지 못하고, 외부 세계와 충분히 교감하지 못한 채 그녀만의 상상에 눈이 멀어 이들의 실체를 파악하지 못한다. 이러한 이자벨의 상태는 다음과 같이 지적될 수 있다.

'그녀에게는 무서운 남편이 있어요. 그녀가 남편을 잘 이용할 수 있을지는 확신을 못 하겠지만. 그러나 물론 무서운 남편이란 이상한 거예요. 멀 부인은 그녀에게 좋은 조언을 해 주고 있지만, 그건 말이 죠 어린 아이에게 언어를 배우라고 사전을 주는 것과 같은 것이죠. 어린 아이는 단어들을 찾을 수는 있을 겁니다. 하지만 단어들을 조합 할 수는 없어요. ……'

'She has got a horrid husband, though I'm not sure she makes the best of him. Of course, however, a horrid husband's an awkward thing. Madame Merle gives her excellent advice, but it's a good deal like giving a child a dictionary to learn language with. He can look out the words, but he can't put them together.……'(*PL* 311)

즉 이자벨의 유산 때문에 그녀와 결혼한 무서운 오스몬드의 실체를 모르고 단지 그를 예술적인 감각이 뛰어난 인물로 상상하는 이자벨은 물론 남편을 이용할 수 없을 뿐 아니라, 멀 부인의 조언도 어린 아이가 언어를 배우려고 사전 속에 단어를 찾는 것처럼 쓸모가 없다. 남편 오스몬드의 정체를 모르는 이자벨은 이 결혼 생활이 가진 심층적인 삶의 문맥을 파악하지 못하기 때문에 이 삶의 심층 구조에서 발생하는 다양한 의미들을 간파할 수 없다. 따라서 멀 부인이 그녀에게 해 주는 조언은 삶의 여러 정황에서 나타나는 문맥 속에서 새로운 의미로 조합되지 못하는 산만한 단어들일 수밖에 없다. 즉 단어들을 조합하기 위한 그래머가 필요하고, 하나의 현상을 해석할 수 있는 상위의 삶의 문맥, 즉 "의미론적 전체" 혹은 현상학적 그래머가 이자벨에게는 결여되어 있기 때문에 그녀의 해석과 이해는 난관에 부딪히게 되는 것이다. 그래서 스미스는 잘못된 선택을 하는 이자벨의 상황을 『워싱턴 광장』(*Washiogton Square*)의 캐더린(Catherine)에 비교하면서 이자벨과 캐더린은 현실과 일치하지 않는 이미지에 현혹되어 잘못된 선택을 하고 있다고 말한다. 부유한 유산 상속자인 젊은 여인이 그 재산을 노리는 자의 속임수에 넘어가 그녀 자신의 실책으로 인해 고통을 당하는 이자벨의 이야기는 본질적으로 단순한 것이며 캐더린의 이야기와 매우 흡사하다(32).

그러므로 오스몬드와 처음으로 만날 때 이자벨은 그들이 만나고 있는 장소와 정황, 그리고 그 자리에 모인 사람들의 표면 위에 드러나지 않는 숨겨진 의미가 분명히 존재하고 있다는 인상을 받지만 그것이 무엇인지는 말로 기술할 수 없는 것은 당연하다. 즉 이자벨은 이 정황이 주는 의미가 무엇인지를 말로 표현하려고 애쓰지만 상투적인 말로 담아낼 수는 없다. 오스몬드와 멀 부인의 숨겨진 의도, 그리고 그들의 관계를 전혀 모르는 이자벨이 이러한 숨겨진 의도와 관계들이 복잡하게 얽힌 "의미론적 전체", "해석학적 전체" 내에 펼쳐지는 이러한 정황의 의미를 읽어내는 것은 불가능하기 때문이다.

> 그녀의 동생은 누나의 말을 듣지 않았다. 그는 이자벨에게 할 말을 생각하고 있는 듯했다. '차를 마시지 않겠소? – 당신은 매우 피곤함에 틀림없군요.' 그는 마침내 한마디 말을 던지고 있다고 생각했다.
>
> '아뇨, 전혀 전 피곤하지 않아요. 제가 지칠 만한 무슨 일을 했나요?' 이자벨은 짐짓 아무것도 꾸미지 않고 본래의 모습을 보일 필요를 느꼈다. 사물에 대한 그녀의 전체적 인상으로는 그 대기 중엔 분명 무엇인가가 있었다. 하지만 그녀는 그게 무엇인지 말할 수 없었을 것이다. 그래서 그녀는 옴짝달싹할 수 없는 지경이 되었다. 그 장소와

그 상황, 사람들의 회합은 단순한 표면상에 놓여 있는 것보다 훨씬 더 많은 것을 의미했다. 그래서 그녀는 이 상황을 이해하려고 안간힘을 썼다. 그녀는 우아하게 포장된 진부한 말을 하려고 하지 않았다. 불쌍한 이자벨은 틀림없이 지금 다른 여자들이 관찰 활동을 표현하기 위해 이런 진부한 말을 했을 것임을 인식하고 있었다.

Her brother had not heard her; he seemed to be thinking what he could say to Isabel. 'Won't you have some tea?-you must be very tired.' he at last bethought himself of remarking.

'No, indeed, I'm not tried; what have I done to tire me?' Isabel felt a certain need of being very direct, of pretending to nothing; there was something in the air, in her general impression of things-she could hardly have said what is was-that deprived her of all disposition to put herself forward. The place, the occasion, the combination of people, signified more than lay on the surface; she would try to understand-she would not simply utter graceful platitudes. Poor Isabel was doubtless now aware that many women would have uttered graceful platitudes to cover the working of thier observation(*PL* 306).

이 장면에서 이자벨은 오스몬드와 그의 환경이라는 새로운 대상을 만나면서 표면상으로 드러나지 않는 의미의 실체를 감지한다. 충분한 지력을 가진 이자벨은 이렇게 숨겨진 의미를 읽어내고 언술하려 하지만 오스몬드의 정체를 모르기 때문에 말로 표현할 수가 없다. 그러나 이자벨은 대부분의 다른 여자들과는 다르게 이를 진부한 말로 포장하려 하지 않는 총명함을 가지고 있다. 이때 이자벨이 본래 지닌 이러한 지력은, 제임스의 현상학적 개념 중 하나인 "인상" (impressions)의 효과를 발휘할 정도로 뛰어나다. 여기서 인상은 이자벨의 자아가 오스몬드와 그의 환경이라는 새로운 대상과 접촉하게 하는 매개체가 되지만, 이 인상의 온전한 효과는 이자벨이 결혼 후 오스몬드와 멀 부인이 함께 있는 장면을 일견하면서 발휘된다. 이 극적인 현상학적 일견 장면 이전에, 이자벨은 대상 세계와의 활발한 교류나 소통보다는 자의적 상상에 몰두해 왔기 때문에 인상을 발휘할 기회를 스스로 포기한 것이다. 따라서 의자에 앉아 있는 오스몬드 앞에 서 있는 멀 부인의 장면을 목격하면서 갑작스럽게 발휘된 그녀의 인상의 효과는 이미 뒤늦은 현상학적 현현인 것이다. 이는 이자벨이 본래 지닌 지각 능력을 발휘하고 계발하는 데 태만했음을 의미한다. 따라서 제임스는 텍스트 속에 이를 다음과 같이 암시한다.

그녀는 대단히 훌륭한 신념의 소유자였다. 단지 그녀의 지혜에 대단한 어리석음이 있었다면, 그녀를 혹평하는 사람들이 바로 불쌍하다고 여길 어리석은 행동을 그녀가 저지르고 난 이후에야 현명해질 수 있음을 알고는 만족하게 될 것이다.

She was a person of great good faith, and if there was a great deal of folly in her wisdom those who judge her severely may have the satisfaction of finding that, later, she became consistently wise only at the cost of an amount of folly which will constitute almost a direct appeal to charity(*PL* 157).

이렇게 이자벨이 뒤늦은 자각과 발견을 하게 된 것은, 그녀가 처음으로 부딪히는 세계와 환경 속에서 경험, 판단, 해석하고 지각할 때 그 현장의 특별한 문맥 속에 놓인 의미를 찾기보다는 자신의 상상을 좇았기 때문이다. 따라서 『여인의 초상』은 현상학의 실존적 요소로서 "현장 존재 형식"에 충실히 순응하지 않고 단지 상상에 몰입한 자기 고립을 꾀하는 여주인공 이자벨이 당하는 불행을 그리고 있다고 볼 수 있을 것이다. 특별한 지각의 재능과 지성을 소유했음에도 이자벨은 자신의 지각 능력을 충실히 발휘하여 세계 경험을 통해 인식의 지평을 넓히고 자신이 조우하는 대상이 처한 특정한 문맥 속에서 대상을 파악하기보다는, 상상의 세계 속으로 침잠하여 대상의 진정한 실체를 놓치게 된다. 여기에는 랠프나 워버튼 경, 카스파 굿우드(Caspar Goodwood)에 대한 미완의 이해가 포함되며 더욱 비극적이고 극단적인 경우는 멀 부인과 오스몬드에 대한 그릇된 판단으로 자신의 파국을 초래하는 것이다. 결국 이 소설은, 텍스트 내에서도 강하게 암시되어 있듯이, 실패한 경험으로서의 주인공의 경험이 잘못된 해석을 낳게 되기까지의 과정을 추적한 것이라 볼 수 있다.

3) 경험의 현상학

그렇다면, 제임스가 『여인의 초상』에서 의식의 중심 기법의 첫 포문을 열고, 전지적 화자가 전해 주는 규정 없이 독자들 스스로 의미를 찾아가는 공간으로서의 소설 형식을 적용한 의도를 설명할 수 있을 것이다. 랠프의 유산 증여로, 자유에 대한 책임을 느낀 이자벨은

"거대한 유산은 자유를 의미하고 난 그것이 두려워요."라고 토로한다. 자유로 인한 책임 때문에 이자벨은 자신의 주체적 경험, 그리고 자신이 접촉하는 다른 사람들의 경험을 이해할 때 능력의 한계에 부딪힌다. 제임스의 내러티브는 독자로 하여금 이자벨과 비슷한 방식으로 자신의 이해 능력에 질문을 던지도록 하고 자아와 주체성이 얼마나 외적, 내적인 형성력을 필요로 하는지 깨닫게 한다(Meissner 90). 독자들은 이자벨의 해석에 참여하게 되면서 자연히 독자 자신들의 자아로부터의 소외를 경험한다. 제임스는 이자벨이 경험하는 바를 동시에 독자들이 경험하게 하고, 독자들은 이 경험을 통해 사물에 대한 해석의 개입성과 필요성을 이해하게 된다. 그래서 제임스는 소설의 텍스트 내에 독자를 다음과 같이 등장시킨다.

이미 독자는 그에 대해서 이자벨이 알고 있는 것보다 더 많이 알고 있어서 이 미스터리의 열쇠는 독자에게 있을지도 모른다.

The reader already knows more about him than Isabel was ever to know, and the reader may therefore be given the key to the mystery(*PL* 446).

즉 제임스는 소설 텍스트의 흐름을 따라온 독자들이 이자벨의 경험을 동시에 경험하면서 랠프에 대해 그녀보다 더 많이 해석하고 이해할 수도 있음을 시사한다. 제임스는 독자들이 이러한 인식에 도달할 때라야 온전한 이해를 성취할 수 있다고 믿는다. 다시 말해, 자아 소외와 텍스트에 대한 거리 두기를 통해 독자들은 인식에 도달하며, 이렇게 될 때 모든 종류의 선입견, 우리의 인식에 영향을 주는 은밀한 편견의 전횡에서 자유롭게 될 수 있다.

　예술 형식으로서의 소설의 완성에 역점을 둔 제임스는 예술과 삶이 밀착되고 인식 과정과 예술이 혼연일체가 되어 주인공이 경험을 해석하는 과정을 소설 속에서 다루고 있다. 동시에 제임스는 독자들도 역시 이 소설의 텍스트를 자아 소외와 거리 두기를 통해 해석하도록 유도한다. 제임스는 시점의 기법이 처음으로 구사된 『여인의 초상』의 창작을 통해 이 일체의 목적을 달성하고 있다. 윌리엄스와 암스트롱이 지적했듯이, 제임스의 사고 체계에는 경험의 현상학이 내재한다. 인간이 마주치는 대상 세계의 숨겨진 이면을 경험하고 발견하려는 현상학적 동기는 제임스의 사고방식이 되기 때문에 그가 영위하는 모든 활동의 기본 방식이 된다. 따라서 제임스에 있어 삶 자체와 소설 창작은 동일한 과정이 되며, 대상 세계에 대한 해석 및 인식 과정은 삶의 과정이 됨과 동시에 소설의 창작 과정이 되는 것이다. 뿐만 아니라 자신의 소설 텍스트를 접하는 독자들조차 텍스트를 대상화하여 이러한 경험의 현상학에 참여하게 한다. 마이스너도 이러한 제임스의 의도를 지적하고 있다. 즉 『여인의 초상』에서는 제임스, 랠프와 이자벨이 한데 뭉친 형태로 나타난다는 것이다. 왜냐하면, 예술적 삶과 삶의 예술이 밀접하게 뒤섞이고 인식 과정이 예술적 창조의 산물로 변형되는 과정 자체는, 작가 제임스가 소설에 대해, 랠프가 이자벨에 대해, 이자벨이 삶에 대해 하고자 한 시도가 되기 때문이다(103).

　그러나 소설의 주인공 이자벨은 이 시도에 역행하는 결말을 갖는다. 동적 상태가 아닌 정적 상태, 과정이 아닌 완결된 산물, 생명감 대신 불모성을 선택함으로써, 이자벨은 그녀의 개인적 발전의 최후를 앞당기고 항상 진행하는 삶의 생동성을 배반한다. 기만적인 완결을 성취하려는 이자벨의 욕망은 자신을 창조적 예술가가 아니라 완성된 인공물로서 간주하고 있음을 보여준다. 제임스가 항상 움직여야 할 인식 활동을 멈춘 이자벨을 이렇게 인공물로 묘사한 것은, 소설 목적을 변호하면서 경험이나 삶의 세계는 절대로 고정화된 규정의 언어로 표현될 수 없다고 반증하기 위한 것이다. 따라서 "자유를 갈망하고, 세상에서 좋아하는 단 한 가지가 있다면 그것은 바로 자신의 독립"(I like my liberty too much. If there's a thing in the world I'm fond of, it's my personal independence)(*PL* 213)이라고 고백하는 이자벨이 오스몬드의 박물관 속에 너무 잘 안착되는 상황은 『여인의 초상』이 가진 아이러니이다. 따라서 랠프는 이러한 이자벨에게서 "대가의 손길"에 빚어진 모습을 발견한다.

그녀는 품위 있는 삶을 영위했지만, 이것을 알아채려면 그녀가 소속한 집단의 일원이 될 필요가 있었다. 왜냐하면, 오스몬드 부부의 일상생활에는 아무 생각 없이 바라볼 일도, 비판할 일도, 심지어 경탄할 일도 없었던 것이다. 랠프는 이 모든 것에서 대가의 손길을 인식했다. 왜냐하면 그는 이자벨이 인상을 지어내는 능력이 없음을 알았기 때문이다.

She lived with a certain magnificence, but you needed to be a member of her circle to perceive it; for there was nothing to gape at, nothing to criticize, nothing even to admire, in the daily proceedings of Mr and Mrs Osmond. Ralph, in all this, recognized the hand of the master; for he knew that Isabel had no faculty for poducing studied impressions(*PL* 443).

여기서 "대가"란 바로 남편 오스몬드를 지칭하는 것이고, 랠프가 이자벨에게서 이 대가의 손길을 인식했다는 것은 이자벨이 실재와 사물에 대해 스스로 판단하고 언술화하는 일체의 인식 활동을 오스몬드에게 맡겨 버리고, 오스몬드의 규정과 판단을 그대로 답습하는 모습을 발견했음을 의미한다. 그래서 이자벨은 "인상을 지어내는 능력"을 상실했는데, 이 인상이란 제임스의 현상학이 가진 주요 개념으로서, 후설의 의도성 개념처럼 주체적 자아와 객관적 대상 세계를 매개해 주며, 자아가 타자 및 대상 세계의 본질을 객관적으로 파악하게 하는 장치이다. 즉 이 인상은 실재의 온전한 본질에 주체가 객관적이고 사실적으로 다가서게 한다. 스스로 실재를 파악하려는 노력을 상실한 이자벨이 인상을 지어내는 능력이 없음을 알게 된 랠프는 바로 작가 제임스를 대변한다.

그러므로 제임스는 생동감 넘치는 삶의 유동적 흐름을 배반하고 경험을 멈춘 이자벨의 파국을 통해 소설 텍스트를 둘러싼 등장인물과 작가나 독자들이 부단히 생생한 삶을 경험하고 해석하도록 촉구하는데, 이는 소설의 해석 및 창조와 동일한 과정이 된다. 즉 이 경험의 현상학은 소설과 삶의 창조 및 해석이 동일한 과정이 되게 하며 이 과정에 작가와 등장인물, 그리고 독자가 공동으로 참여하도록 유도한다. 경험은 삶의 과정 그 자체이며 삶은 경험의 연속이기 때문에 삶이 지속되는 한 경험은 끊임없이 계속된다. "경험되는 모든 것은 우리 자신에 의해 경험되는 것이기에 …… 경험은 …… 이러한 하나의 삶의 전체와는 분리될 수 없는 둘도 없는 관계를 가진다."(Everything that is experienced is experienced by oneself, and …… it …… contains an inalienable and irreplaceable relation to the whole of this one life)(*Truth and Method* 60)고 말하는 가다머 역시 삶 자체는 바로 경험이라고 설파한다. 따라서 제임스는 『픽션의 기법』에서, "경험은 절대로 제한을 받지 않고 완성될 수 없는데, 왜냐하면 경험을 통해 지각하는 것은 광대하기 때문"(Experience is never limited, and it is never complete: it is an immense sensibility)(10)이라고 피력하는데, 이를 『여인의 초상』을 통해 예시한 것이라 볼 수 있다. 더 나아가 제임스는 "보이는 것에서 보이지 않는 것을 감지하고, 존재의 흔적을 추적하는 힘은 경험을 구성한다고 볼 수 있다."(The power to guess the unseen from the seen, to trace the implication of things …… may almost be said to constitute exprience)(11)고 말하며, 우리의 세계 이해는 보는 것(seeing)에 기초를 두고 정립해야 하고, 숨겨져 있지만 반드시 존재하는 것에서 연유해야 한다고 주장한다. 이것이 바로 제임스 소설론이 본질적으로 가진 현상학적 요소인 것이다.

❷ 『황금 주발』(The Golden Bowl):
제스처(gesture)적 의사소통의 드라마

1) 축적된 지식의 고립과 창조적 인지의 대화

자신의 지력을 창조적이고 통합적으로 발전시키지 못한 채 오스몬드의 박물관에서 박제되어 버린 이자벨의 상태는 제임스의 후기 소설에서 극단화되어, 『사자들』의 사라 포콕과 웨이머쉬라는 인물 유형으로 설정된다. 사라 포콕과 웨이머쉬는 뉴잉글랜드라는 사회의 구성원으로서 내재화한 사회적, 문화적, 교육적 가치관들을 자신들의 내부에 쌓아 왔기 때문에 파리나 유럽의 삶의 양식과 언어를 넓은 이성을 통해 흡수하거나 동화하지 못한다. 예컨대 "가득 차 있고 아주 단단하게 꾸려져 있는"(She's filled as full, packed as tight, as she'll hold)(A 447) 사라의 상태는 창조적이며 통합적인 "조합"(putting together-lego)을 하지 못하고 단순한 지식이 축적된 인식 유형이 초래하는 결과를 보여준다.

마이스너는 특히 『황금 주발』에서 제임스가 이러한 축적된 인식 유형의 한계를 소설의 초점으로 삼고 있다고 지적하면서 다음과 같이 말한다.

축적된 시각이 가진 한계는, 주체를 인위적으로 세계로부터 단단하게 봉인하고, 은폐되고 자주 알아볼 수 없는 자기만족적인 확신감에 따라서 모든 판단 위에 군림하는 자기 합리적인 권위로 격상시키는 데 있다. 제임스는 그의 픽션을 통해 이러한 인식론적 억측에 도전하고 있다. 즉 그는 등장인물들이 낯선 세계에 깊이 참여하게 하고 그 세계의 문화 및 언어와 충돌하면서 극단적인 자기 검사를 하게 한다. 서로 다른 문화들의 병존을 통해 제임스는 다차원적인 계시를 보여준다. 갑자기 새로운 환경에 부딪히면서 낯설어 하는 개인은 이질적이고 처리하기 힘든 세계의 문맥 속에서 자신의 문화적, 개인적 신념들을 이해하지 않을 수 없게 된다. 그리고 외국 세계 또한 그 공적이고 사적인 가설들에 대해, 단순하게 사물을 다르게 보는 외부 사람들이 갑작스럽게 질문해 오는 것을 듣게 된다. 제임스의 텍스트가 지닌 이러한 충돌 구조는 해석학적 한계와, 경험에 대한 자기만족적인 축적의 시각과 관련된 인종 중심적인 위험을 제시한다. 더 나아가 이 충돌 구조는 새로운 것을 수용할 여지가 있어 의식과 이해의 폭을 확장시키는 기회로 받아들이는 주체의 발전에 주의를 집중하게 한다.

The cumulative view's limitations consist in artificially sealing the subject off from the world and wrongfully elevating it as a self-gratifying authority that passes judgment according to submerged and often unrecognizably self-serving certitudes. James challenges these epistmemological assumptions throughout his fiction by orchestrating his characters' deeply involved participation in alien worlds whose cultures and language force the visitor into a radical self-examination. In the juxtaposition of cultures James brings about a multidimensional revelation. The individual is suddenly mand alien and forced to understand his cultural and personal beliefs in the context of an alien and refractory world. And the foreign world also finds its public and private assumptions suddenly called into question by an alien who simply sees things differently. The structure of this collision in James's texts points up the interpretive limitations and ethnocentric dangers associated with a self−serving, cumulative view of experience, and calls attention to the need to develop a subfectivity which is permeable and welcomes that which is alien as an opportunity to enlarge one's consciousness and understanding(16−17).

　여기서 "외부 세계로부터의 단단한 봉인"과 동시에 "모든 판단을 지배하는 자기 합리적 권위"란 "삶의 세계"가 본질적으로 지닌 여러 문맥(context)과 환경 속에서 계속 출현하는 새로운 의미를 조합하고 기술하는 창조적 인지 행위와 정확히 대치되는 개념이다. 또한 이는 대상 세계와의 교류나 대화가 없는 일방적인 독백에 의한 인식 유형을 의미하며 『사자들』의 사라 포콕이 지닌 태도이다.

　특별히 『황금 주발』은 등장인물이 자신이나 타자의 시각과 축적된 인식 유형을 일방적으로 추종하게 됨으로써 개별자를 이해할 수 없게 되는 상황을 극화시킨다. 이태리에 존재의 뿌리를 둔 아메리고에게는 낯선 문화에 접하면서 생성해 온 자신의 정체성과 자아 인식이 불확실함과 미지의 영역으로 남게 된다. 이러한 아메리고 자신의 미지의 자아는 매기가 이해할 수 있는 범위를 넘어서기 때문에, 매기의 축적된 인식 유형에 따라 행동하는 아메리고는 혼란을 겪는다. 암스트롱(Paul B. Armstrong)은 아메리고가 처한 딜레마가 미국적 성격과 유럽적 특성 사이의 이질감에서 기인하고 있으며 이러한 국적 정체성의 차이가 자아와 타자 간의 간극을 표명한다고 말한다(144). 따라서 미국 문화권에 속한 매기와 버버 씨(Mr. Verber)와의 관계에서 아메리고는 이들의 인식 유형을 동화하는 과정 속에 빈번한 당혹감과 깊은 "타자성"(otherness)(Armstrong 145)을 체험하게 된다.

이 당혹감을 극복하고 타자에 대한 이질감을 해소하기 위해서 제임스는 획일적인 규정을 무너뜨리는 주체의 해석적 인식을 강조한다. 따라서 제임스는 소설들의 각 등장인물이 새로운 해석에 도달하는 변칙적 사건을 기술한다. 말하자면, 제임스의 픽션은 인간이 생각하는 바와 실제의 본질 사이에 충돌이 일어날 때 산 경험을 유도하고 이러한 산 경험을 통해 해석학적인 수정을 유도하는 개념적 공간으로서의 소설 개념을 보여준다(Meissner 17-18). 그리고 지속적이고 비독단적이며 열려 있는 경험의 가능성을 개발하여 복잡다단한 현실의 이해를 독려할 필요가 있다는 제임스의 견해는 가다머(Hans Georg-Gadamer)의 경험에 대한 평가와 동일한 것이다. 가다머는『진실과 방법』(*Truth and Method*)에서 경험의 개념을 정리하면서, "후설(Edmund Husserl)의 현상학에 있어 경험의 개념은 보편적으로 인식론적 기능을 하고 있다."(59)고 역설한다. 즉 경험이란 세계를 배우고 알아가는 인식 과정이 되는 것이다. 또한 가다머는 경험을 통해 인간은 틀에 박힌 일상에서 벗어나는 동시에 인간적 삶의 총체성으로 나아가며 보다 폭넓고 풍성한, 성숙한 삶을 성취하게 된다고 한다(61-62). 이와 같이, 제임스와 가다머는 경험의 목적과 진리란 늘 새로운 경험을 지향하는 데 있다고 말한다. 가다머의 견해를 적용하자면, 경험적인 인간은,『사자들』의 뉴섬 부인(Mrs. Newsome)의 경우처럼 모든 것을 알고 있으며 어느 누구보다도 더 많이 아는 사람이 아니라, 새로운 경험에 열려 있는 사람, 즉 지극히 비독단적인 사람, 자신이 체험한 수많은 경험과 이 경험에서 체득한 교훈 덕분에 부단히 새로운 특별한 경험을 겪으며 배울 수 있도록 준비가 된 사람이다.

그렇다면 『황금 주발』은 이미 단단하게 축적되고 봉인된 인지 체계 속에 함몰된 매기, 버버 씨(Adam Verver), 그리고 이 인식 유형을 좇는 아메리고가 인식의 혼란과 시행착오를 겪으면서 결국 열려 있는 경험을 지향하는 새로운 배움을 얻는 과정을 보여준다고 볼 수 있다. 그러므로 소설의 내러티브는 매기와 아메리고, 버버 씨와 샬롯(Charlotte)이라는 네 사람의 관계가 복잡하게 얽힌 양상에 대해 기술되고 언명되는 언어학적 차원과 플롯의 병행 속에서 전개된다. 이태리 출신의 아메리고는 어린 시절부터 영국의 사회적, 문화적 환경에 익숙해져 왔기 때문에 영어라는 언어적 환경에도 충분히 적응할 수 있지만, 삶의 양식은 곧 언어의 형식이기 때문에 모국 생활의 문자적 표현인 자국어가 포괄하는 특별한 정황이 주는 의미를 영어로는 표현하지 못한다.

그는 자신과 다를 수밖에 없는 이 동료들을 영어로 생각했다. 그는 마음속으로 이 차이를 기술하기 위해 영어 단어를 사용했는데, 왜냐하면 영어는 어린 시절부터 익숙했고 따라서 낯설음은 그의 입이나 귀에 남아 있지 않았다. 그는 영어가 인생에서 맺는 대부분 인간관계를 설명할 때 편리함을 느꼈다. 그는 이상하게도 스스로 자신을 생각할 때도 편리하게 생각되었다. 그럼에도 불구하고 시간이 지남에 따라 더욱 친밀한 무엇인가가 아직 존재할 수 있음을 염두에 두지 않을 수 없었다. 이것은 무엇일까? 자국어인 이태리어가 지닌 더 크고 더 섬세한 문제를 다루는 더욱 친밀한 무엇이 있을 것이다.

He thought of these fellows, from whom he was so to differ, in English; he used, mentally, the English term to describe his difference, for, familiar with the tongue from his earliest years, so that no note of strangeness remained with him either for lip or for ear, he found it convenient, in life, for the greatest number of relations. He found it convenient, oddly, even for his relation with himself—though not unmindful that there might still, as time went on, be others, including a more intimate degree of that one, that would seek, possibly with violence, the larger or the finer issue—which was it?—of the vernacular(*The Golden Bowl* 44－45).[28]

이와 같이, 영어가 아주 익숙해서 편리하게 생각되는 아메리고는 그럼에도 불구하고 자신의 깊은 의식 속에 더욱 친밀하고 본원적인 느낌이나 생각들을 떠올리면서 이는 자국어인 이태리어로 표현될 수 있을 것이라고 생각한다. 비트겐슈타인에 따르면 아메리고가 다른 나라나 종족의 언어를 공부하면서 그들의 행동을 해석해 냈다고 해서, 그들을 완전히 이해한 것은 아니다. 왜냐하면 문화적 배경과 언어 형식의 차이는 너무나 크기 때문에, 이렇게 상이한 "삶의 양식"과 "언어 게임"[29]은 서로 겹쳐질 수 없기 때문이다(Gier 228). 아메리고는 영어라는 언어적, 문화적 환경에 익숙해 있지만, 그의 깊은

---

28) 이후로는 GB로 약칭하고 괄호 속에 쪽수만을 표기함.
29) 언어 게임은 본질적으로 삶의 양식과 동일한 개념이 된다. 왜냐하면 삶의 양식이 표현된 것이 바로 언어 게임이기 때문이다. 언어 자체가 바로 삶이며 언어 형식 및 언어 게임은 바로 삶의 양식이다(Gier 19－20). 따라서 삶에 대한 이해는 바로 언어 자체에 대한 이해와 동일하다고 볼 수 있다.

자의식이나 내면의 의식을 형성해 온 이태리의 삶의 양식과 그 언어 게임은 영어가 함축하고 있는 삶의 특유한 양식과 언어 체계와는 전혀 다르다. 즉 자신의 심층적 의식 속에 내재한 섬세한 느낌이나 감정들은 이태리의 삶의 양식과 언어 속에서 형성된 것이므로, 영어의 언어 게임으로는 기술하거나 설명할 수 없게 된다.

그러므로 아메리고는 자신의 약혼자 매기와의 만남을 통해 그녀의 언어 속에 담긴 의미와 태도, 특정한 정황들을 파악하고 해석하려고 노력한다. 아메리고는 그녀의 관점에서 그녀를 보고자 한다. 따라서 뚜렷하게 포착되는 사실을 발견하는 아메리고는 부수적이고 통제되어 있지만 확연히 실감하는 어떤 의미의 실체에 대한 "인상"(*The Art of Fiction* 8)을 갖게 된다. 이 "인상"은 인물이 새로운 세계를 통찰하게 하는 제임스의 현상학[30] 개념이 된다.

그는 그녀의 관점에서 그녀를 보았다. …… 이것은 그에게 모든 것을, 무엇보다 세상 속 그녀의 존재를 가깝고 불가항력적으로 그 자신의 존재감과 동일하게 보여주었다. 이러한 상황에서 다른 어느 것, 심지어 자신의 결혼보다 더 뚜렷한 이 사실은, 종속적이고 통제된 방식으로 인상적인 다른 사실들을 동반했다. …… 그래서 그들이 다시 만

---

30) 암스트롱은 의식 작용과 경험 구조에 대한 현상학 이론을 바탕으로 제임스가 어떻게 소설 창작을 통해 인간 이해를 시도하는가를 조명한다. 그는 인간의 경험을 이루는 다섯 가지 주요한 요소를 지적하고 있는데, 우선 하나의 인식 방법으로서 이 인상을 설명한다. 이 인상은 인식론적이고 도덕적인 탐색을 추구하는 제임스의 예술 세계를 보여주는 한 요소가 된다. 그러므로 이 인상을 비롯하여 상상력, 자유, 인간관계, 사회의 정치학, 이 다섯 가지 경험 요소는 『로데릭 허드슨』(*Roderick Hudson*)부터 『황금 주발』까지의 픽션의 집이 건조되는 기본 토대가 된다(Preface vii).

났을 때 이 다른 사실들은 즉시 그와 연결되는 고리가 되었다. 이것들이 만약 해석되어야 한다면 이는 즉시 친숙함을 지향하는 것이다. 거기엔 오로지 그를 위한 한 가지 방식—이미 알려진 의미에서 이것들을 해석하는 유일한 방식이 있었다.

He saw her in her light ⋯⋯ It showed him everything—above all her presence in the world, so closely, so irretrievably contemporaneous with his own: a sharp, sharp fact, sharper during these instants than any other at all, even than that of his marriage, but accompanied, in a subordinate and controlled way, with those others, facial, physiognomic. ⋯⋯ So they were, these others, as he met them again, and that was the connexion they instantly established with him. If they had to be interpreted this made at least for intimacy. There was but one way certainly for him—to interpret them in the sense of the already known(*GB* 72).

여기서 매기와의 관계 맺음에서 빚어지는 이 의미의 실체는 아메리고를 매기와 그녀의 친구들과 맺어주는 연결 고리가 되지만, 다른 삶의 양식에 삶의 토대를 둔 아메리고는 그 정확한 의미를 적확하게 기술하거나 언명하지 못하고 단지 친숙함이라는 단어 속에 유폐시킨다. 아메리고는 이미 친숙하게 알고 있는 의미 체계 속에서 이 실체를 해석할 도리밖에 없는 것이다.

따라서 이태리의 언어와 삶의 양식에 사고 체계의 뿌리를 둔 아메리고가 버버 부녀와의 관계 역학을 수립하는 과정 속에는 지속적인 인식 및 사고의 도전, 또 이에서 빚어지는 정신적 혼란과 망설임이 수반하게 된다. 이때, 피핀이 설명하듯이, 아메리고는 이태리의 삶의 양식이 주는 전제 사항들을 비우게 되는 "공백과 공허"(5-6)를 경험한다. 그리고 전혀 다른 삶의 문맥 속에 있는 버버 부녀가 취하는 모든 행동, 언술, 태도, 감정, 모든 기억들은 아메리고에겐 따로 부기해 두고 관찰하고 연구해야 할 항목들이 된다. 하지만 이는 이태리의 언어 형식을 가진 아메리고가 올바르게 해석할 수는 없는데, 그 이유는 이 어렴풋한 의미들이 자신의 모국어가 지닌 본원적 인식 구조 속에 귀속되고 조명되어 버리기 때문이다. 이 의미들을 정확히 해석해 내지 못하는 그가 무능력을 호소하는 것은 당연하다. 그러면서도 이해에 도달하려 끊임없이 노력하는 그는 자신이 그들의 언행을 이해하지 못해 버버 씨에게 다름과 차이를 각인시킬 것에 대한 두려움을 호소한다. 그러나 한편 버버 씨가 너무나 지나친 확실성을 장담하는 것에 무리가 있다는 판단도 내린다.

이는 마치 할아버지라는 인물이 보여주는 특별한 구경거리는 관찰자에겐 연구해야 할 다른 측면, 적어두어야 할 다른 항목인 것과 같았다. 아메리고는, 이것이 그 자신이 이전에 가졌던 인식으로 귀속됨을 알았다.ㅡ그가 관심이 있는 어떤 문제에 있어서도 결론을 짓지 못하는 그의 무능력 말이다. 이 인상은 아메리고 공작에게 있어 각 단계마다 현시되어야 했다. 하지만 그는 이를 경탄하면서 받아들였다. 이 최후의 것은 결국 요점이 되었다. 그는 불쌍한 젊은이로서 받아들였는데, 왜냐하면 그는 끊임없이 이해를 위해 노력했기 때문이다. ……누가 이를 생각했을 것이며 대체 모든 것의 끝은 어디란 말인가? 버버 씨에 대한 약간은 첨예한 두려움은 이질성 때문에 그를 실망시키는 것에 대한 두려움이었다. 그는 그가 제공하고 보여준 증거들은 지나친 확실성에 놓여 있다고 느꼈다.

   It was as if the grandpapa's special show of the character were but
another side for the observer to study, another item for him to note. It
came back, this latter personage knew, to his own previous perception
 — that of the Prince's inabiility, in any matter in which he was
concerned, to conclude, The idiosyncrasy, for him, at each stage, had
to be demonstrated — on which, however, he admirably accepted it.
This last was after all the point; he really worked, poor young man,
for acceptance, since he worked so constantly for comprehension. ······
Who would have thought it, and where would it all stop? The only
fear somwhat sharp for Mr Verver was a certain fear of disappointing
him for strangeness. He felt that the evidence he offered, thus viewed,
was too much on the positive side(*GB* 152).

   말하자면, 미국적 문화라는 새로운 가치 환경 속에 처한 아메리고
는 더 이상 기존의 유럽적 관습과 전통을 통해서 타자들의 사회적
위치와 내적 관계, 기능, 역할을 해석하고 평가할 수 없게 된다. 사
실 이런 몰가치 상황은 아메리고와 관계를 맺는 버버 부녀에게도 똑
같이 적용되는데, 이러한 인물 설정을 통해 제임스는 개인이 타자를
평가하고 판단하기 위해 우선 무엇을 인지해야 하는지 알려고 노력
하는 모습을 극화하고 기술한다. 그것은 『사자들』의 스트레더의 경
우처럼, 삶의 양식이나 언어 게임에 대한 이해가 선행되어야 하고,
이 특정한 삶의 양식이라는 문맥 속에서 타자의 의도와 언행을 바라
볼 때 비로소 온전한 이해에 도달하게 됨을 제임스는 내러티브의 세

밀한 진행 속에서 보여준다. 즉 피핀이 말하듯, 제임스의 인물 설정은 그 자신과 타자의 동기와 행동, 그리고 상호 작용을 이해하는 모습을 보여주면서, 이러한 이해에 도달하는 과정이 얼마나 어려운 것인지를 시사한다. 그리고 이 어려움의 원인은 적확한 해석을 가능하게 하는 관습 및 가치관, 즉 "삶의 양식"이 다르기 때문에 그 문화적 공인성을 상실한 점에 있음을 보여준다(5-6). 제임스 소설의 주제는 결국 다른 문화적, 사회적 배경을 가진 인물들이 상이한 "삶의 양식" 때문에 인식의 혼란과 상호 이해의 어려움을 겪으면서 이해에 도달하는 과정을 추적한 것이라고 볼 수 있다.

따라서 아메리고는 낯선 문화와 배경 속에서 매기와의 결혼을 통해 맺게 된 새로운 인간관계에서 오는 혼란을 매기의 느낌과 믿음의 실재에 의존함으로써 해결하려 한다. 한편, 이러한 인식의 혼란과 망설임에서 비교적 자유로운 샬롯은 교활할 정도로 영리하다. 즉 미적인 감수성을 도덕적 차원까지 끌어올리며 자아도취적 공상의 세계 속에 사는 버버 부녀나 새로운 환경에 마주쳐 당황하는 아메리고에 비해서, 샬롯은 적나라한 현실을 인식할 뿐 아니라 매기와 아메리고, 매기와 버버 씨의 파행적 관계를 지적한다. 샬롯의 지적대로, 아메리고는 매기의 믿음과 생각을 좇아가면서, 매기가 유도하는 부녀 관계에 익숙하게 된다.

'아메리고 같은 남자가 사랑에 빠져 있을 때, 가장 자연스러운 충동은 그의 부인이 느끼는 바를 느끼고, 그녀가 믿는 바를 믿고, 그녀가 원하는 바를 원해야 한다는 걸 당신은 믿을 수 없나요?'
······ '그의 아내는 그녀가 진실로 믿는 걸 그가 믿게 하리라는 것

말이에요.' 이 말을 하면서 샬롯은 한층 논리적인 존재가 되었다. '그의 믿음의 실재는 그런 경우 아내 믿음의 실재에 달려 있게 될 거예요. 공작은 이때 만족스럽게도, 당신이 무얼 하든 매기가 당신의 생각을 따르고자 하는 걸 이해할 거예요. 그녀가 달리 행동하는 걸 그는 절대로 본 일이 없다고 기억할 거예요.'

'It's incredible to you that when a man is still as much in love as Amerigo his most natural impulse should be to feel what his wife feels, to believe what she believes, to want what she wants? — in the absence, that is, of special impediments to his so doing.'

…… 'Why that his wife shall have made him really believe that she really believes.' With which Charlotte became still more lucidly logical. 'The reality of his belief will depend in such a case on the reality of hers. The Prince may for instance now.' she went on, 'have made out to his satisfaction that Maggie may mainly desire to abound in your sense, whatever it is you do. He may remember that he has never seen her do anything else.'(*GB* 204)

그렇기 때문에, 아메리고는 자신의 기존 인식 구조에 계속적인 도전을 받으면서, 당혹스러움과 동시에 미지의 세계를 발견하는 깨달음이라는 변증법의 지배를 받게 된다. 이 과정 속에서 그는 새로운 사실, 지혜들을 수집하는데, 『사자들』의 스트레더가 겪은 현상학적 보기를 통한 조합 과정과 유사한 단계를 거쳐 간다. 아메리고 역시 이 조합의 과정은 충분히 차고 넘치도록 수집한 사실들이 유기적으로 조합되어 그 용도를 알 수 있는 인식 구조 형태를 요구하게 된다.

이리하여 그들의 공통된 위로자가 명쾌하게 표현한 사실의 관점에서 그녀는 살 수 있게 되었다. 아메리고 공작이 어떤 신비하지만 결과적인 목적을 위해 자신이 수집한 모든 지혜, 자신의 질문에 대한 모든 대답들, 그리고 모든 인상들과 일반화를 구축하고 있었다는 사실 말이다. 아메리고는 이것들을 비축해 두고 꾸려 놓았는데, 왜냐하면 자신의 비장의 카드를 쓰기로 결정한 날 충분히 넘치도록 하기 위해서였다. 그는 자신 앞에 펼쳐지는 일체의 문제를 처음으로 확인하길 원했다. 이후에라야 그가 수집한 셀 수 없는 사실들은 그 용도를 알게 될 것이다.

Thus it was at any rate that she was able to live more or less in the light of the fact expressed so lucidly by their common comforter —the fact that the Prince was saving up, for some very mysterious but very fine eventual purpose, all the wisdom, all the answers to his questions, all the impressions and generalisations he gathered; putting them away and packing them down because he wanted his great gun to be loaded to the brim on the day he should decide to fire it off. He wanted first to make sure of the whole of the subject that was unrolling itself before him; after which the innumerable facts he had collected would find their use(*GB* 155−56).

그러나 아메리고의 이 신중한 조합 과정은 난관에 부딪힐 수밖에 없는데, 미국과 유럽의 문화적 차이, 그리고 그 배경 속에서 펼쳐지는 버버 부녀의 지나친 밀착 관계라는 환경 속에서 아메리고는 지속적인 타자성과 당혹감을 갖게 되기 때문이다. 매기는 아메리고를 행복하게 하리라 자신하고, 이것을 하나의 법칙으로 정해 놓지만 그와의 관계에 있어 행복이라든가, 결합, 각자에 대한 보다 깊은 부분을 언술하거나 기술하지 않고 은폐한다. 그리고 연속되는 아메리고와 매기의 만남과 대화 속에서 오로지 소통될 수 있는 것, 진짜의 것은 바로 아버지 버버 씨와 딸 사이의 즐겁고 단단한 관계였는데, 이렇게 의식적이고 섬세한 부녀 관계를 아메리고에게 공공연히 인식시킴으로써 그녀는 이익을 취한다.

⋯⋯ 그녀가 때때로 선천적인 자신감으로 그를 행복하게 하리라는 걸 떠올리는 건 그녀의 상냥한 기질에 잘 맞았다. 이것은 그녀가 정한 법칙들 중 하나였다. 그녀가 아무리 드물게 법칙을 정하고 생각을 하더라도 말이다. 물론 그녀가 그에게 말할 수 없는 것도 있었다. 즉 많은 어휘를 사용해서 언급해야 할 아메리고나 그녀 자신에 대해, 그들의 행복과 그들의 결합 그리고 그들 관계의 가장 깊은 부분에 대해서 그녀는 말할 수 없었다. 또한 그녀가 말할 필요가 없는 다른 것들도 있었다. 하지만 진실하고 즐겁게 아메리고와 소통할 수 있는 진짜의 것이 있었는데, 이것은 그녀의 의식적이고도 섬세하게 짜인 딸로서의 행동 계획이었다. 그녀는 이것으로 마음대로 이익을 취할 수 있었다.

⋯⋯ since it fell in easily with the tenderness of her disposition to remember she might occasionally make him happy by an intimate confidence. This was one of her rules—full as she was of little rules, considerations, provisions. There were things she of course couldn't tell him, in so many words, about Amerigo and herslif, and about their happiness and thier union and their deepest depths—and there were other things she needn't; but there were also those that were both ture and amusing, both communicalbe and real, and of these, with her so conscious, so delicately-cultivated scheme of conduct as a daughter, she could make her profit at will(*GB* 157).

이렇게 밀착된 부녀 관계는 여러 장면을 통해 기술된다. 주로 매기는 결혼 후에도 남편 아메리고는 방치해 두고 아버지가 거처하는 이튼 광장(Eaton Square)으로 가서 아버지와 시간을 보내는데, 사람들이 모여 있는 회합에서도 두 사람만이 함께 있고자 하는 강렬한 욕구에 이끌려 아무도 볼 수 없는 숨겨진 장소로 이동하는 극단적인 모습을 보여주기도 한다.

어쨌든 부녀지간에 분명한 사실은, 말하자면 어떻게 해서라도 그들이 당분간 함께 있기를 원한다는 것이다. 이러한 욕구는 그들 사이에 작용하여 결국 두 사람은 집 밖으로 나와 그들의 친구들이 모여 있던 장소에서 숨겨져 있는 장소로 이동했다. 그들은 다른 사람들의 눈을 피해 어느 누구도 뒤따라오지 않는 낡은 정원의 가려진 도보를 따라 걸었다.

What was now clear at all events for the father and the daughter was their simply knowing they wanted, for the time, to be together-at any cost, as it were; and their necessity so worked in them as to bear them out of the house, in a quarter hidden from that in which their friends were gathered, and cause them to wander, unseen, unfollowed, along a covered walk in the old garden, as it was called, old with an antiquity of formal things, high box and shaped yew and expanses of brick wall that had turned at once to purple and to pink(*GB* 152).

버버 씨 또한 사랑하는 딸 매기가 아메리고와 결혼을 하게 되면서 사위 아메리고와의 새로운 관계 설정을 할 때 사로잡힌 생각은 매기의 결혼을 통해 딸을 잃고 포기해야 한다는 상실감이다. 가감할 수 없이 결정적 형태로 환원된 이 생각은 상실에 대한 보충과 보상을 요구하게 되고 따라서 샬롯과의 결합으로 메워지고 수정된다.

그가 계속 염두에 둔 것은 충분히 혼란스럽게도, 그 어느 것보다 더 깊은 하나의 생각이었다. 그것은 친밀한 새 관계를 만들어 갈 때 그가 어떤 면에서 그의 딸을 포기하고 확실히 그의 딸을 보내야 한다는 생각이었다. 그는 딸의 결혼으로 그가 딸을 잃었다는 생각을 결정적인 형태로 환원해야 했다. 정말로 불가피한 일이었으므로. 그는 하나의 손실 혹은 아무리 좋게 생각해도 메워야 할 필요가 있고 수정이 필요한 하나의 불편함을 초래했다는 생각을 결정적 형태로 환원시켜야 했다.

What he kept finding himself return to, disturbingly enough, was the reflexion, deeper than anything else, that in forming a new and intimate tie he should in a manner abandon, or at the best signally relegate, his daughter. He should reduce to definite form the idea that he had lost her—as was indeed inevitable—by her own marriage; he should reduce to definite form the idea of his having incurred an injury, or at the best an inconvenience, that required some makeweight and deserved some amends(*GB* 185).

따라서 매기와 버버 씨의 비상식적인 부녀 관계는 아메리고와 매기 사이의 정상적인 부부 생활을 상실하게 한다. 뿐만 아니라 이 파행적 부녀 관계는 버버 씨와 샬롯의 결합이라는 또 하나의 비상식적 관계를 낳게 한다. 그리고 버버 씨와 샬롯의 부부 관계는 아메리고 와 샬롯의 불륜이라는 또 하나의 파행적 관계를 초래하게 되는데, 어싱엄 부인의 지적대로 이렇게 네 사람 사이의 얽히고설킨 관계와 "위치"(position)에는 가공할 만한 위험이 도사린다.

　　'공작과 샬롯. 이들에겐 놀라운 점이 있죠. 그리고 장점은' 그녀는 설명했다. '그들이 그들 때문에 두려워하고 있다는 거예요. 내 말은 다른 사람들 때문에 두려워한다는 거예요.'
　　'버버 씨와 매기 때문에 말이오?' …… '무엇을 두려워한다는 말이오?'
　　'그들 자신을 두려워한다는 거예요.' 장교는 의아해했다. '그들 자신들을 말이오? 버버 씨와 매기 그 자신들을 말이오?' 어싱엄 부인은 명석한 만큼 참을 줄 알았다. '네－또한 그런 눈멀음도. 하지만 무엇보다 그 자신들의 위험을요.' …… '위험은 그들의 위치에 있어요. ……'

　　'The Prince and Charlotte. That's how they're so remarkable. And the beauty.' she explained, 'is that they're afraid for them. Afraid I mean for the others.'
　　'For Mr Verver and Maggie?' …… 'Afraid of what?'
　　'Afraid of themselves.' The Colonel wondered. 'Of 'themselves?' Of Mr Verver's and Maggie's selves?' Mrs Assingham remained patient as well as lucid. 'Yes－of such blindness too. But most of all of their own danger.' …… 'That danger being their position. ……'(GB 299)

이 장면에서 남편과 대화를 나누고 있는 어싱엄 부인은, 버버 부녀가 결혼과 부부의 관계라는 현실 생활에 무지한 채 그들만의 순진한 낭만의 세계에 살고 있는 것을 눈이 멀었다고 표현한다. 또한 이러한 버버 부녀의 현실에 대한 눈멀음은 아메리고와 샬롯의 불륜을 조장하는데, 어싱엄 부인은 네 사람 사이에 얽혀든 이 사각 관계와 그 "위치"에 잠재한 가공할 위험에 주목한다. 앞으로 전개될 이러한 사각 관계의 복잡한 갈등 구조와 그 해결을 이해하는 것은 이 소설의 이해에 있어 중요한 열쇠가 될 것이다. 그리고 이 열쇠 중 하나는 인간들의 관계에 내재하는 본질적 특성을 살펴보는 것에 있을 것이다. 예컨대, 인물은 자신을 둘러싸고 있는 환경 및 타자들과 영향을 주고받으며 상호 작용과 소통을 하게 되는데, 이 상호 작용과 대화에는 특별한 방식이 존재하고 있는 것이다.

2) 보여주기와 보기의 현상학:
개인과 타자들의 대화 방식

현상학을 비롯해 현대 철학의 주요 논점은 바로 주체가 타자와 어떻게 관계를 맺고 있는가에 있다. 후설의 상호주관성 이론(*The Paris Lectures* LX - LX Ⅱ)에 의하면 개인과 타자의 관계 형성에 있어 가장 중요한 요소는 나와 타자 간의 상호 관계 혹은 상호 작용이며, 이를 위한 필수 조건은 상호 간의 구체적인 접촉이다. 이러한 상호 접촉을 가능하게 하는 것은 의사 전달 행위인데, 의사 전달은 구체적으로 무엇인가를 알린다는 목적과 의지를 갖는 행위이고 나의 의도와 생각이 밖으로, 타자에게 표현되고 알려지는 것이다. 이를 통해 타자는 내게 시선을 돌려 관심을 집중하게 된다. 이렇게 의사 전달을 기초로 한 의사소통은 단순한 몸짓에서부터 글을 매개로 한 고차적 단계까지 여러 가지 방식이 있을 수 있는데(박인철 167), 『황금 주발』에서는 인물들의 몸짓이나 표정을 보여주고(show) 보는(see) 특별한 의사소통 방식이 사용되고 있다. 특히, 메를로퐁티(Maurice Merleau-Ponty)는 "몸짓이나 얼굴 표정 속에 담긴 의미"(gestural meaning)를 강조하고 있는데, 이는 언어가 지닌 개념적 의미가 일종의 이러한 몸짓과 표정의 의미로부터 추출되어 형성됨을 의미한다. 그런데 제스처의 의미를 간파할 때, 우리는 특정한 사건과 행동이 일어나는 특정한 현장의 문맥 속에서 그 의미를 읽어낼 수 있을 것이다. 또한 우리가 특정한 현장 경험을 통해서 의미를 간파하는 것은 나와 타자들이 상호 연결된 관계의 그물망인 공동의 삶에 참여할 때 가능할 것이다(*Phenomenology of Perception* 179). 따라서 메를로퐁티는 자아와 세계 사이의 얽히고 설킨 복잡한 관계는 시각적 인식으로 해결할 수 있다고 본다. 이러한 철학적 바탕에서 『황금 주발』과 같은 소설은 훌륭히 조명될 수 있을 것이다. 그것은 퐁티의 철저한 지각적 경험에 대한 연구가 자아와 세계 혹은 자아와 타자들 사이의 더욱 정교한 상호 작용 방식을 분명히 포함하고 있기 때문이다. 제임스는 인물을 설정할 때 이러한 철학적 문제와 사회적 인간관계를 미묘하고 특별한 강도로 제시한다. 예컨대 매기의 경우, 가까운 사람들과 꾸준히 교류하는 연대적 삶을 통해 기나긴 자아 초월과 자각 과정이 생생하게 예시되고 있는 것이다. 그리고 불가피한 상호 관계, 세계와의 교섭 속에서 자아를 발견하고 혹은 타자와의 연합 속에서 완전히 지성적이고 감정적인 발전을 이룩한다는 이 주제는 매기뿐만 아니라 아메리고와 샬롯 양자의 발전 과정 속에도 반영되어 있다(Williams 173－74).

이렇게 매기와 아메리고, 버버 씨, 샬롯이 복잡하게 얽혀든 관계 역학의 형성 과정에서는, 시각적 인식 행위를 강조하는 메를로퐁티와 마찬가지로 하이데거(Martin Heidegger)의 현상학적 보기(seeing), 현장 존재(being on the field), 그리고 보여주기(show) 개념과 같은 현상학이 본질적으로 작용한다. 메를로퐁티는 지각적 경험을 논하면서, 대상을 바라보는 자아는 보이는 사물, 만질 수 있는 실체와 귀로 들을 수 있는 실체로서의 사물을 바라볼 때 그것을 넘어서는 차원의 존재가 있음을 아는데, 바로 이것이 현장(field)이라는 것이다. 자아가 어떤 현장을 시각적으로 접한다는 것은 본원적인 응시를 통해 특수하게 존재하는 사물들의 유기적 의미에 대해 최초로 시야를 얻는 것이라고 할 수 있다(*PP* 216). 그러므로 이 현상학 방식은 관계 설정과 수립 과정에서 인물들이 어떻게 서로 관계를 맺어가고 그 관계에서 빚어지는 복잡다단한 개인적, 사회적 의미를 읽어 가는가의 방법을 설명해 줄 수 있다. 다시 말해 기존의 언어 구조 내에서 기술되거나 언명될 수 없는, 은밀히 혹은 새롭게 발생되는 의미를 언술해 가면서 자아와 타자들 간의 관계 양상을 정확히 이해하고 해석하는 과정을 다룬 것이 이 소설의 특징이라면, 이 소설적 기도는 현상학적, 해석학적 개념에 바탕을 둔 것이라 할 수 있다. 여기에서 현상학적 보기와 보여주기의 개념, 현장 존재 개념은 소설 인물의 중요한 인식 전환의 순간 혹은 깨달음의 순간에 결정적으로 극화된다. 제임스가 텍스트 전체를 통해 인물들의 중요한 인식의 전환의 장면을 극화할 때 빈번히 사용하는 단어는 바로 "보여주기"(show)와

"보기"(see)라는 동사인 것이다.

매기에게 있어 그 일은 한 가지 이상의 여운이 남았다. 만약, 그녀
가 교활하게 그 현장에 나가자마자 그녀 내부에 각인된 인상들을 말
한다면, 그러한 순간 샬롯이 즉각적으로 보일 불확실성을 그녀가 지
각하게 될 것인데, 이러한 그녀의 지각은 결정적으로 설명되어야 한
다. 틀림없이 그녀는 어떤 한 생각을 품고 그 자리에 도착했음을 보
여주었다. 그 전날 밤 그녀가 어떤 감정을 품고 남편을 기다렸음을
그에게 보여준 것과 똑같이 말이다.

Maggie was to have retained, for that matter, more than one
aftertaste, and if I have spoken of the impressions fixed in her as
soon as she had so insidiously taken the field, a definite note must be
made of her perception, during those moments, of Charlotte's prompt
uncertainty. She had shown, no doubt—she couldn't not have shown—
that she had arrived with an idea; quite exactly as she had shown her
husband the night before that she was awaiting him with a sentiment
(*GB* 349).

즉 이튼 광장의 부활절 연회에서 샬롯과 아메리고의 간통을 알아
채고 극심한 정신적 충격과 혼란을 경험한 매기는 이러한 그녀의 의
식 상태를 무언의 태도로 샬롯과 아메리고에게 보여주고 있다. 매기
가 "생각"과 "감정"을 품고 있음을 샬롯과 아메리고에게 각각 보여
준 것은 자신이 그들 관계에 의혹을 품고 있음을 보여주는 행위이
다. 말하자면 매기는 아메리고와 샬롯을 각각 대면할 때 자신이 의
혹을 품고 있음을 보여주면서 이것을 하나의 대화 방법으로 활용한

다. 이렇게 보여주기와 보기를 통한 매기의 무언의 대화 방식은 이후에 지속적으로 그녀를 둘러싼 인간관계들의 역학에서 작용하고 있으며, 매기 자신의 자아 각성뿐 아니라 타자들과 맺는 사회적 관계를 형성하고 수정하게 하는 주요 방식이 된다. 다시 말해, 매기는 자신과 아메리고, 샬롯과 버버 씨 사이에 얽혀든 파행 관계와 악의 요소들을 훌륭히 제거하고 수정하며 올바르게 이 관계 역학을 수립하게 된다. 이것이 바로 표면적으로는 어떤 외부적 소란과 사건 없이, 보여주기와 보기를 반복하는 의식의 드라마로서의 이 소설의 면모를 보여준다. 외부적 분란 없이 표면적 행동의 이면에서 조용하고 지혜롭게 악의 온상이 된 네 사람의 관계를 정리해 가면서 올바른 궤도 수정을 주도하는 매기와 더불어, 그녀의 주변 인물들도 매기의 조용한 관계 수정에 동참하면서 서서히 변화되어 가는 그들 관계의 역학 구조에 훌륭히 통합되어 간다. 그리고 이 주변 인물들이 수정된 관계 역학에 통합되어 갈 때, 그들의 본질적인 대화와 상호 작용 방식은 역시 보여주기와 보기의 방식이다. 후설에 따르면 등장인물들은 표정과 몸짓을 보고 보여주는 의사소통 방식을 통해 합의를 이루고 새로운 상호 관계를 형성한 것이다.

다음과 같은 장면은 서서히 변화되는 관계 구조의 한 단면을 보여주는데, 아메리고가 보여주는 공백감을 본 매기는 이제 그가 보는 것이 무엇인지를 알고자 한다. 아메리고의 시각을 좇는 매기는 그의 마음을 읽으려 하고 이는 바로 두 사람의 상호 소통 방식이 된다.

그녀가 다른 곳에서 다른 사람들과 함께가 아니라 혼자 집에서 그를 만나고 있음을 헤아리지 못했다는 사실이 그에게는 어떤 차이를 가져왔다. 아메리고 자신이 미처 깨닫기 전에 그녀에게 보여준 공백감은, 그녀의 주장대로, 말하자면 하나의 의미, 순간적 표현이 갖는 일반적 중요성을 뛰어넘어 역사적 가치를 지니고 있다는 생각이 계속 그녀의 뇌리에 맴돌았다. 그녀는 당연하게도 그가 무엇을 보고자 하는지에 대한 생각을 그 현장에서 준비하지 못했다.

It had made for him some difference that she couldn't measure, this meeting him at home and alone instead of elsewhere and with others, and back and back it kept coming to her that the blankness he showed her before he was able to see might, should she choose to insist on it, have a meaning—have, as who should say, an historic value—beyond the importance of momentary expressions in general. She had naturally had on the spot no ready notion of what he might want to see(*GB* 336).

여기서 매기는 아메리고의 표정에 나타난 "공백감"을 보았고(see), 아메리고는 의도한 것이든 아니든, 이를 매기에게 보여준다(show). 즉 이러한 보기와 보여주기라는 현상학 방식을 통해 두 사람의 관계 형성에 발생한 의미를 지각하게 된다. 이 의미는 순간적인 표현이 아니라 지속되는 "가치"를 가지고 두 사람의 관계 역학에 계속 영향력을 행사한다. 메를로퐁티와 하이데거의 시각적 인식 행위란 바로 이것이며, 소설 인물의 중요한 깨달음의 순간을 동반한다.

…… 본질적으로 이 사실은 그녀의 인생에 있어 돌연한 방향 전환을 일으켰다. 그가 돌아왔으며 다른 집에서 그녀를 뒤따라 왔다는 사

실 말이다. 보일 수 있도록 불안해하면서 말이다. 그의 불안감은 처음 순간 그가 그녀에게 보여준 얼굴에 그대로 쓰여 있었다. 오직 그 짧은 순간 이 표정은 그의 얼굴에 나타났고, 두 사람이 대화를 시작한 후 재빨리 사라진 듯했다. 하지만 이 표정이 지속되는 동안은 큰 표정을 지어냈고, 비록 그에게 무엇을 기대했는지조차 몰랐던 그녀지만 당황한 흔적을 조금도 기대하지 않았던 건 알고 있었다. 그의 당황을 초래하고, — 그녀는 그걸 당황이라고 생각했는데 이는 정말 졸렬한 표현이라고 확신했다 — 이러한 특별한 표정이 그에게 나타난 이유는 분명히 그녀가 어떤 상태인지 보고자 하는 그의 바람 때문이었다. 왜 처음에 그랬을까? 이후에도 계속 이 의문은 그녀의 마음에 떠올랐다. 이 질문은 마치 모든 문제를 풀 수 있는 열쇠처럼 생각되었다. 그 현장에서 이를 감지한 그녀는 자신이 한 가지 생각을 가지고 있어서 즉시 그에게 영향을 행사해야 하는데, 바로 이것이 그녀가 의도했던 것을 뛰어넘는 일종의 폭력을 지니고 있다는 생각이 밀려들었다.

······ it had been essentially what had made the abrupt bend in her life: he had come back, had followed her from the other house, *visibly* uncertain — this was written in the face he for the first minute showed her. It had been written only for those seconds, and it had appeared to go, quickly, after they began to talk; but while it lasted it had been written large, and though she didn't quite know waht she had expected of him she felt she hadn't expected the least shade of embarrassment. What had made the embarrassment — she called it embarrassment so as to be able to assure herself she put it at the very worst — what had made the particular look was his thus distinguishably wishing to see how he should find her. Why first? — that had later on kept coming to her; the question dangled there as if it were the key to everything. With the sense of it, on the spot, she had felt overwelmingly that she was significant, that so she must instantly strike him, and that this had a kind of violence beyond what she had intended(*GB* 335).

이와 같이 매기의 인생에 극적인 전환을 가져온 장면에서 아메리고는 자신과 샬롯의 관계를 매기가 알아채지 않았을까 하는 불안감을 "보일 수 있도록"(*visibly*) 매기에게 보여준다. 즉 인생의 큰 전환점이 되는 장면에서 매기는, 샬롯과의 관계를 그녀가 눈치채지 않았을까 의심하는 아메리고의 표정을 그의 얼굴에서 볼 수 있었다(see). 이 의구심을 아메리고는 매기와 대면하는 첫 순간 보여주고, 매기는 이를 그의 얼굴에서 읽은 것이다. 이는 아메리고가 정확한 언변으로 토해내지 않았지만, 이 의미를 그의 표정 속에서 그녀에게 보여주었기(show) 때문이다. 아메리고 역시 이 중대한 순간 그녀의 상태를 이해하려고 그녀를 정확히 보고자(see) 한다. 자신의 불륜 사실을 알고 있을지 모르는 매기가 어떤 반응을 보일지 보고자 하기 때문에 아메리고는 당황스러워한다. 매기는 이러한 "특별한 현장"(on the spot)의 공간적, 시간적 정황 속에 놓인 특정한 의미를 감지하고 파악하게 되는데, 이것이 바로 퐁티의 "현장" 개념이다. 이러한 개념은 극장에서 공연되는 연극과 그것을 바라보는 관객의 이미지를 투사함으로써 또 다른 문학적 표현을 얻게 된다. 즉 연속되는 "무대의 장면"(scene on the stage) 속에 벌어지는 갖가지의 일들의 방식으로 연출되는 소설의 각 장면 속에서 인물은 여러 가지 일들이 연출되는 상황을 지켜봄으로써 특정한 정황이 남기는 "인상"(impressions)의 의미를 발견하게 되는 것이다.

　회고를 위해 아직도 지켜볼 수 있는 일련의 순간들에 돌입했다. 무대의 한 장면에서 벌어지는 갖가지 일들의 방식으로 어떤 장면은 연출되어 객석의 어느 관중에 지대한 인상을 남겼다. 이 중 몇몇 순간들은 다른 것보다 또렷이 부각되었다. 그래서 그녀는 이 순간들을 재차 감지하고 줄에 꿴 단단한 진주처럼 되새길 수 있었는데, 이는 특별히 저녁 식사 전 시간에 속했다.

　It fell for retrospect into a succession of moments that were *watchable* still; almost in the manner of the different things done during a scene on the stage, some scene so acted as to have left a great impression on the tenant of one of the stalls. Several of these moments stood out beyond the others, and those she could feel again most, count again like the firm pearls on a string, had belonged more particularly to the lapse of time before dinner(*GB* 332).

　그래서 "아직도 지켜볼 수 있는"(*watchable* still) 순간들이 있게 된다. 특히 매기의 경우, 다른 것보다 더 중요한 인상을 남긴 순간들이 있는데, 이것이 바로 현상학적 보기를 통한 깨달음을 얻게 되는 순간이며 그래서 "줄에 꿴 단단한 진주처럼" 의미의 실체를 얻게 되는 과정이 된다. 이렇게 자신에게는 닫혀 있던 미지의 의미를 발견하는 과정에는 필수적으로 악에 대한 인식과 경험이 포함되어 있다. 이는 텍스트 속에서 어싱엄 부인의 입을 통해 기술된다.

'난 어쨌든 그 상황에서 매기가 나쁜 일과 담합할 수 없는 존재라는 선언 이외에 다른 말은 입 밖에 꺼내지 않았어요. 매기의 상상력은 마치 나쁜 일과는 절연되고 그 감수성이 봉합되어 있는 것과 마찬가지죠. 그래서' 패니는 계속 말했다. '지금 일어나야 할 일이 있어요. 그녀의 감지력은 이제 열려야 합니다. …… 소위 악이라고 하는 것에 말이에요. 그녀 인생에서 처음으로 악을 발견하고 알게 되고, 악을 조야하게 경험하는 것 말이에요. ……심한 당혹감을 느끼게 하는 싸늘한 악의 바람을 말이죠. ……'

'I never spoke it more, at all events, than when I declared, on that occasion, that Maggie was the creature in the world to whom a wrong thing could least be communicated. It was as if her imagination had been closed to it, her sense altogether sealed. That therefore', Fanny continued, 'is what will now have to happen. Her sense will have to open. …… To what's called Evil─with a very big E: for the first time in her life. To the discovery of it, to the knowledge of it, to the crude experience of it. …… To the harsh bewildering brush, the daily chilling breath of it. ……' (*GB* 310)

이러한 매기의 자아 인식, 그리고 자신과 타자들과의 관계 인식에 있어 구체적인 깨달음을 얻게 되는 기본 방식으로서의 이 현상학 개념은 매기를 비롯한 다른 인물들의 관계 역학과 그 인식에 있어서도 중요한 수단이 된다. 우선 아메리고는 아내의 행동과 태도를 보면서 그녀의 변화를 알아채고 그녀의 생각을 해석해 낸다. 즉 "직관"과 "관찰로 얻은" 단서를 가지고 내린 해석에 따라 행동하는 그는 이제 변경된 그들의 관계 구조 속에 훌륭히 통합한다.

그는 간단히 말해 관찰로 얻은 단서 위에서 행동하고 있었다. 그는 그녀의 행동 속에 변화의 흔적을 충분히 볼 수 있었다. 그는 가장 절묘하게 생각되는 전후 관계들에 대해 직관하였는데, 이 직관은 그로 하여금 그 차이를 대면하고 연결시켜 그 차이에 맞게 행동하도록 촉구했다.

He was acting in short on a cue, the cue given him by observation; it had been enough for him to see the shade of change in her behaviour: his instinct for relations, the most exquisite conceivable, prompted him immediately to meet and match the difference, to play somehow into its hands(*GB* 352).

이러한 아메리고와 매기의 보여주기와 보기의 현상학적 대화 방식은 아메리고와 샬롯의 은밀한 관계 역학에서도 그대로 드러난다. 즉 아메리고와 샬롯은 다른 사람들의 눈, 특히 매기의 눈을 피해 은밀하게 만나고 있었기 때문에 말로 표현되지 않는 "무언의 의미"를 나눌 필요가 있다. 그래서 두 사람은 서로 갖가지의 생각과 감정, 의심 등을 상대방의 얼굴에서 보고(see), 보여주기(show)를 반복한다.

그녀가 말할 때의 어투는 말로 담아낼 수 없는 무언의 의미가 있었는데, 이 무언의 의미는 불가항력의 그의 두 눈 속에 표현되었다. 그녀의 마음은 이 언명되지 않는 의미에 머물고 있었다. 왜냐하면, 그녀가 그 현장에서 그러한 표정이 보여주는 의심, 질문, 도전 혹은 그 밖의 무슨 의미들도 이해했음을 자랑스럽고 즐겁게 인식했기 때문이다. 그는 충분히 무방비 상태에서 그들의 목적지로 향해 매우 힘든 계획을 모의했다는 것에 작은 경이감을 보여주었다. 그리고 그녀는 물론 그들의 관계에 대한 그의 생각의 밑바탕에 무엇이 있는지 충분히 잘 알고 있었다. 또한 그가 내키지 않게 말을 해야 했다면 무슨 말을 했을지도 잘 알고 있었다.

She was inwardly to dwell on the element of the unuttered that her tone had caused to play up into his irresistible eyes; and this because she considered with pride and joy that she had on the spot disposed of the doubt, the question, the challenge, or whatever else might have been, that such a look could convey. He had been sufficiently off his guard to show some little wonder as to their having plotted so very hard against their destiny, and she knew well enough of course what in this connexion was at the bottom of his thought, and what would have sounded out more or less if he hadn't happily saved himself from words(*GB* 244).

이 장면에서 재치 있는 샬롯은 바로 "그 현장에서" 본 아메리고의 표정의 의미를 정확하게 이해하고 해석한다. 아메리고 역시 그들 내연 관계의 모의에 놀람을 말없이 샬롯에게 보여준다. 이런 아메리고로부터 샬롯은 언술되지 않은 그의 내적 동기와 목적을 충분히 읽어낸다. 따라서 두 사람 사이에 교환되는 일체의 현상학 방식은 그들의 공인되지 않는 내적 관계를 더욱 정밀하고 단단하게 수립해 주는 원동력이 되고 있는 것이다.

3) 황금 주발: 의사소통의 시각적 매개

『황금 주발』에서는 현실과의 조우와 그것의 수사적 언술은 하나의 동일한 과정이 되고 있다. 즉 등장인물들이 함입하는 세계에 대해 이야기할 때, 그들은 대면하는 상황에 대한 기술을 자신들의 말을 통해 다시 만들어 낸다. 바로 이것은 해석 과정이 될 것이다.[31] 이 때 그들의 표현은 그들이 그 현장에 밀접하게 처한 상황에 따라 형성된다. 예컨대 매기는 자신에게 매우 친숙한 언어로 아메리고의 가치를 평가하면서 그에게 최상의 찬사를 던진다(Williams 178-79). 그러나 이러한 아메리고에 대한 매기의 초기 평가는, 버버 씨와 마찬가지로 잘못된 해석인데, 암스트롱은 다음과 같이 지적하고 있다.

아메리고 공작을 잘못 이해한다는 것은 그를 잘못된 방식으로 좋아한다는 뜻이다. 매기는 그를 정확히 알고 있다는 잘못된 인식론적 확신감으로, 돌봐야 할 사람과 함께 있다는 실존적 문제를 인식하지 못한다. 그리고 아메리고에 대해 매기와 그녀의 아버지가 미적으로 접근하기 때문에 그의 자유는 남용된다.

To know the Prince falsely means to care for him wrongly. Maggie's mistaken epistemological certainty about him helps to blind her to the existential problems of "being-with" another in care, and

---

31) 즉 현상학적 방식은 해석학적이라는 하이데거의 주장에 동의하면서 리쾨르(Paul Ricoeur)는 현상학이란 해석학적 전제 없이는 성립될 수 없다고 말한다(101). 윌리엄즈 또한 현상학적 기도는 명석하게 기술하고 논리적으로 언명하는 해석학적 능력에 달려 있다고 말한다(176).

her and her father's aesthetic attitude toward him abuses his
freedom(144).

그렇다면, 이 소설도 『여인의 초상』의 이자벨의 경우처럼 등장인
물이 낭만적 상상에 의한 잘못된 해석을 깨닫고 현실에 대한 정확한
판단과 해석을 얻기까지의 과정을 극화한다고 볼 수 있다. 따라서 전
기 작가 이델(Leon Edel)은 『헨리 제임스의 인생』(*The Life of Henry
James* Vol.2)에서 제임스가 이전의 소설들에서 다루어 온 문제들을
최종적으로 『황금 주발』을 통해 해결하고 있다고 본다. 전 작품의
등장인물들이 이 소설에서 다른 이름으로 재등장하고 있는 점에서도
알 수 있다. 『여인의 초상』의 멀 부인과 오스몬드는 『황금 주발』에
서 샬롯과 아메리고로 재현되고 있으며, 팬지(Pansy Osmond)는 매기
로 재등장하고 있는 것이다(532-33). 경제적 빈곤으로 결혼하지 못
하고 은밀한 내연 관계를 맺은 멀 부인과 오스몬드는 샬롯과 아메리
고의 관계로 재현되고, 오로지 아버지를 만족시키기 위해 로지어
(Rosier)와의 사랑과 결혼을 포기하고 수도원으로 도피하는 팬지는,
결혼 후에도 계속 버버 씨와의 비상식적 밀착 관계를 유지하는 매기
의 모습으로 변주된다.

  『황금 주발』에서 등장인물의 경험 전개와 그 언어학적 구조 사이
에 뚜렷이 교차되는 관계를 살펴보면 소설의 예술적 창조성과 해석
적 요소를 감지할 수 있을 것이다. 우선 매기는 자신과 타자들과의
관계 정립에 있어 기존 인식 체계로 설명하거나 기술할 수 없는 상
황들을 접하게 되면서 심한 혼란을 느낀다. 즉 "언어의 한계는 곧
세계의 한계"[32]이기 때문에 기존 언어로 표명하고 명명할 수 없는

세계에 부딪히면서 이 미지의 세계에 대한 공포를 갖게 된다.

이 경우는 당혹스런 공포가 되었는데, 그녀가 적절히 그 근거를 가늠하기도 전에 이 공포에서 탈출해야 했다. 이 필요성의 인식은 진실로 곧 그녀에게 도움이 되었다. 그녀의 전망이 아무리 눈부시게 빛날지라도 그녀는 그것을 명명할 수 없었기 때문이다. 무언가를 본다는 의식은 그녀의 내부에 강했지만 그녀는 자신이 무엇을 보았는가에 대해 확신을 내리지 않는 편리함을 단단히 붙들고 있었다. 더 오래 바라봄으로 그게 무엇인지 모르는 것은 이번엔 자신의 감촉이 거기에 무뎌져 있음을 알지 못하도록 해 주었다. 왜냐하면, 그녀가 원인을 제공하는 위치에 있었다면, 그녀는 분명히 자신이 만들어 낸 것이 무엇인지가 덜 모호했을 것이다. 이것은 더욱이, 어느 문제의 인과관계가 너무 간접적이어서 추적할 도리가 없을 때, 너무 사소한 문제라 한탄할 필요가 없다고 표현할 것이라는 생각을 하게 했다.

It had become, for the occasion preposterously terror—of which she must shake herself free before she could properly measure her ground. The perception of this necessity had in truth soon aided her; since she found on trying that, lurid as her prospect might hover there, she could none the less give it no name. The sense of seeing was strong in her, but she clutched at the comfort of not being sure of what she saw. Not to know what it would represent on a longer view was a help, in turn, to not making out that her hands were embrued; since if

---

32) 비트겐슈타인에 따르면, 이 세계가 나의 세계라는 것은 언어(나 혼자서 이해하는 언어)의 한계가 곧 나의 세계의 한계가 됨을 의미한다(*Tractatus logico philosophicus* 5.62). 즉 세계는 아는 만큼 보일 것이다.

she had stood in the position of a producing cause she should surely be less vague about what she had produced. This, further, in itsway, was a step toward reflecting that when one's connexion with any matter was too indirect to be traced it might be described also as too slight to be deplored(*GB* 234－35).

여기서 매기가 막연하게 느끼는 공포는, 아메리고와 샬롯의 숨겨진 내연 관계의 내막을 전혀 모르기 때문에 빚어진 것이고, 그들 관계의 숨겨진 이면을 언뜻 일견하면서도 그 인과관계를 추적할 수 없기 때문에 매기는 자신이 본 것이 무엇인지 확실하게 언명할 수 없는 것이다. 말하자면, 이 미지의 세계는, 어싱엄 부인의 표현대로 세상의 "악"에 대해 철저히 봉인되고 절연된 매기가, 경제적 이유로 결혼할 수 없었던 아메리고와 샬롯의 숨겨진 내연 관계와 이로 인해 일어나는 갖가지의 정황, 그리고 이 정황이 빚어내는 특별한 의미 바로 그 자체가 된다. 그러나 매기는 현상학적 보기를 통해 중요한 깨달음의 순간들을 맞이하면서, 그녀의 인생에서 타자들과 관계를 맺어 가면서 발생하는 장면과 정황의 의미를 이해하고 이를 언술화하게 되면서 자신의 세계, 즉 언어의 세계를 넓혀간다. 즉 아메리고와 샬롯의 관계뿐 아니라, 자신과 아버지와의 관계 정립에 있어서도 해악의 요소를 발견하면서 자신이 지향하고 행했던 일에 대한 정확한 인지와 언술을 할 수 있게 된다.

이 이미지가 우리의 이 젊은 여성이 최근 삶의 변화, 바로 얼마 전 일어난 변화를 의식하고 있음을 보여준다면, 소위 이러한 새로운 정황 속에서, 자신이 자행한 일에 대해 책임이 있다는 생각에서 그녀가 자유로워지는 방법을 발견했다는 것이 언급되어야 한다. 그녀의 꽃피는 정원의 탑은 하나의 담합 - 이를 어찌 달리 명칭하랴 - 을 형성했는데, 매우 인상적이게도 그녀가 말하듯 이 담합으로 거침없이 그녀는 결혼할 수 있었던 것이다. 즉 그녀의 과거 생활과의 담합으로 말이다. 그녀는 한 치의 망설임이나 조건 없이 남편에 순종하면서도 지금껏 그녀의 아버지를 조금도 포기하지 않았었다. 그녀는 두 남자가 서로 아름답게 맞물리는 걸 보는 지극한 행복을 기도했고, 이 지복으로 특히 연장자에다 더 외로운 자신의 아버지에게 새 친구를 만들어 주었다는 사실보다 더 그녀의 결혼 생활을 행복하게 해 준 것은 없었다.

If this image, however, may represent our young woman's consciousness of a recent change in her life — a change now but a few days old — it must at the same time be observed that she both sought and found in renewed circulation, as I have called it, a measure of relief from the idea of having perhaps to answer for what she had done. The pagoda in her blooming garden figured the arrangement — how otherwise was it to be named? — by which, so strikingly, she had been able to marry without breaking, as she liked to put it, with her past. She had surrendered herself to her husband without the shadow of a reserve or a condition and yet hadn't all the while given up her father by the least little inch. She had compassed the high felicity of seeing the two men beautifully take to each other, and nothing in her marriage had marked it as more happy than this fact of its having practically given the elder, the lonelier, a new friend(*GB* 328).

요컨대, 매기는 아메리고와 샬롯의 불륜 관계를 알게 되면서 이들의 관계에 자신도 책임이 있음을 절감한다. 애초부터 매기는 아버지와 공유하는 "과거 생활의 담합 위에서 아메리고와의 결혼을 감행"할 수 있었다. 즉 미술 수집가인 아버지에게 미술 애장품으로서 높은 가치가 있는 이태리의 귀족 아메리고와 결혼을 함으로써, 자신의 남편을 아버지에게 헌납하고 있는 것이다. 그래서 아버지에게 새로운 친구를 만들어 주었다는 생각에 매기는 지극한 희열을 체험한다. 그리고 "자신의 결혼 생활이 영위되는 꽃피는 정원의 탑에서 남편 아메리고와 아버지가 함께 아름답게 연결되는 것을 보는 매기는 지극한 행복을 만끽"한다. 남편에 순종하면서도 아버지를 한 번도 포기한 적이 없는 그녀는 결혼 생활 내내, 남편을 도외시한 채 아버지의 처소인 이튼 광장을 자주 드나들면서 아버지와의 밀착 관계를 지속한다. 소위 "악의 동인"(Ward 142)으로서 이러한 "자신이 저지른 일에 대한 책임"을 통감하는 매기는 아버지와의 이러한 밀착 관계가 아메리고와 샬롯의 불륜 관계를 초래했다는 자각을 하게 되는 것이다.

즉 현실에 대한 낭만적 태도로 현실에 대해 무지한 매기는, 『여인의 초상』의 이자벨처럼, 올바른 현실 인식과 자아 인식이 취약한데, 이러한 매기의 자아와 타자들의 관계를 포함한 현실에 대한 몰이해와 무지는 이 소설에서 악을 초래하는 요소로 나타난다. 이런 점에서 죠셉 A. 워드(Joseph A. Ward)는 다음과 같이 지적한다.

> 버버 부녀의 극단적 무지는 그 자체로 일종의 악에 해당한다. 즉 죄악에 대한 그들의 무시와 몰이해는 죄악을 초래하는 것이다.

The extreme innocence of the Ververs amounts to a kind of evil in itself; their ignorance of sin helps to cause a sin(149).

그러므로, 어싱엄 부인이 지적하듯이, 세상의 악에 노출된 적이 없는 매기가 자아와 타자들의 관계와 그 사회적 의미를 깨달아 가면서 현실 이해의 폭을 넓혀가고 악의 실체를 간파하게 된 것은 괄목할 만한 인식의 발전일 것이다. 이러한 매기의 경험과 인식의 확대는 그녀와 타자들 간의 관계 역학에도 변화를 가져오는데, 변경된 관계 역학이 수립될 때 현상학 개념은 중요한 방식이 된다. 즉 매기는 남편과 샬롯의 간통 사실을 알고 있으면서도 이를 간통의 당사자들이나 아버지 버버 씨, 심지어 어싱엄 부인에게도 직접적으로 말하지 않는다. 다만 "보여주기"를 통해서 매기는 이 사실을 타자들에게 간접적으로 제시한다.

'이건 귀중한 것이지만 내가 알기론 균열이 있어서 그 가치가 손상되었어요.' '균열이라구요? 금 속에 말인가요?'
'이건 금이 아니에요.' 대답을 하면서 매기는 다소 이상한 웃음을 지었다. '바로 그거예요.'
'그렇다면 말이에요, 대체 뭐란 말인가요?' '도금한 유리예요. 그리고 내가 말한 대로 금이 가 있죠.'
'유리라구요? 이 무게로 말인가요?' 매기는 대답했다. '그건 수정이에요. 한때는 가치 있었던 걸로 생각해요. 하지만' 그녀는 물었다. '그게 무슨 상관있나요?'
…… 어싱엄 부인은 황금 주발을 붙잡고는 이 주발이 결함이 있다는 생각에 사로잡혀 천천히 사라지는 빛을 향해 다른 창문 쪽으로 다

가갔다.

> 'It's of value, but its value's impaired, I've learned, by a crack.'
>
> 'A crack? — in the gold — ?'
>
> 'It isn't gold.' With which, Maggie somewhat strangely smiled.
>
> 'That's the point.' 'What is it then?' 'It's glass — and cracked, under the gilt, as I say, at that.'
>
> 'Glass? — of this weight?' 'Well' said Maggie, 'it's crystal — and was once I suppose precious. But what' she then asked, 'do you mean to do with it?' …… Mrs Assingham, possessed of the bowl and possessed too of this indication fo a flaw, approached another for the benefit of the slwoly — fading light(*GB* 446 − 47).

여기서 황금 주발은 아메리고와 샬롯의 불륜 관계를 초래한 자신의 결함 있는 결혼을 시각적으로 보여주는 매개물이 된다. 이는 위 인용문에서 보듯이, 매기가 어싱엄 부인에게 이 황금 주발을 보여주면서 균열이 있다고 말하는 장면이나, 남편 "아메리고가 이 황금 주발을 보도록 세워 놓았다."(I've stood it out for my husband to see)(*GB* 437)고 말하는 장면에서 잘 형상화되어 있다. 따라서 어싱엄 부인은 매기가 보여주는(show) 황금 주발의 균열을 보면서(see), 매기가 말하고자 하는 의미를 해석하고 매기와 의사소통을 하게 되는데, 이것은 대화에 있어 시각적 인지 행위의 중요성을 보여주는 극적 장면이다. 그리고 여기서 그들 상호 간에 보여주기와 보기가 교차되는 대화의 매개물은 바로 금이 간 황금 주발이다.

매기는 이 균열 있는 황금 주발의 상징적 의미, 즉 그녀의 결혼 생활은 아메리고의 불륜으로 금이 가 있음을 보여주면서, 이것 때문에 아메리고가 자신을 멀리하고 있다고 말한다. 그러자 그 의미를 읽은 어싱엄 부인은 이 황금 주발을 무참히 부숴버린다.

　'오, 당신에게 말했잖아요, 내가 그걸 알게 해 준 것 말이에요. 요새 아메리고가 자기 예절을 포기한 것 말이죠. 그는 나를 멀리하고 있어요. 내게 오지도 않죠. …… 그것 때문이에요, 당신도 알잖아요.'
　'글쎄 그게 이것 때문이라면!' 그녀 주위를 서성이던 패니 어싱엄은 어떤 생각이 떠올라 두 손에 황금 주발을 잡고는 힘차게 머리 위로 들어 올려 그 아래에서 매기에게 조용히 어떤 의도를 알리는 미소를 보냈다. 즉시 그녀의 생각과 행동대로 그녀는 그 귀중한 잔을 잡고 반짝 윤이 나는 마룻바닥 끝을 주시하고는 바닥으로 내동댕이쳤다. 매기는 무참히 깨지는 소리와 함께 황금 주발이 산산이 조각나는 광경을 떨리는 마음으로 지켜보았다. …… 그러고 나서, '이 황금 주발이 당신에게 어떤 의미가 있든지 간에, 난 지금 알고 싶지 않네요. 그리고 이젠 그 의미가 무엇이든 사라져 버렸어요.'라고 어싱엄 부인은 말했다.

　'Oh I think what I've told you helps me to feel it. His having to‐day given up even his forms; his keeping away from me; his not having come …… It is becaus of that, you know.'
　'Well, then if it's becuase of this‐!' And Fanny Assingham, who had been casting about her and whose inspiration decidedly had come, raised the cup in her two hands, raised it positively above her head and from under it solemnly smiled at the Princess as a signal of intention. So for an instant, full of her thought and of her act, she

held the precious vessel, and then with due note taken of the margin
of the polished floor, bare fine and hard in the embrasure of her
window, dashed it boldy to the ground, where she had the thrill of
seeing it lie shattered with the violence of the crash ⋯⋯ After which,
'whatever you meant by it – and I don't want to know now – has
ceased to exist.' Mrs Assingham said(*GB* 447 – 48).

이 장면에서 매기와 계속 대화를 이어가는 어싱엄 부인은 매기와
의 계속적인 상호 작용 속에서 매기의 내적인 발전과 변화를 간파한
다. 즉 어싱엄 부인은 매기가 아메리고와 샬롯의 내연 관계를 알아
채고 이러한 잘못된 관계를 비롯한 자신과 아버지, 자신과 아메리고,
그리고 샬롯과 버버 씨의 관계에 내재한 악을 발견하고 지혜롭게 해
결하고자 하는 그녀의 의도를 읽어낸다. 또한 자신의 중매로 매기와
아메리고가 결혼했기 때문에 이러한 파행 관계들을 조장한 데 자신
도 책임이 있음을 의식한 어싱엄 부인은 하자 있는 황금 주발을 바
닥에 내동댕이쳐 부숴버린다. 따라서 어싱엄 부인이 균열 있는 황금
주발을 부숴버리는 행위는 자신이 주선한 결함 있는 결혼의 시각적
상징물인 황금 주발을 깨뜨림으로써 책임의 증표를 인멸하고자 하는
의도이다. 그래서 "황금 주발이 매기에게 무슨 의미를 가지고 있든
지 깨졌으므로 그 의미는 사라졌다."(*GB* 447 – 48)고 말하는 어싱엄
부인은 자신의 책임도 사라질 것이라고 생각한다. 그리고 어싱엄 부
인은 그 현장에 갑자기 나타난 아메리고의 표정을 보면서 아메리고
가 이 현장에서 벌어진 일의 진상, 즉 깨어진 황금 주발이 바로 자
신의 불륜을 아내가 알고 있다는 확실한 증거라는 것을 알았음을 눈

치 챈다. 말하자면 이 극적 장면에서, 어싱엄 부인, 아메리고, 그리고 매기는 보여주기와 보기를 교차하면서, 그 현장의 의미를 읽고 해석한다.

그녀는 그(아메리고)를 보고 또 보았다. 그녀는 바로 그 현장에서 말하고 싶은 것들이 너무 많았다. 하지만 매기 역시 바라보고 있었는데, 어싱엄 부인과 아메리고 두 사람 모두를 바라보았다. 그래서 이 초로의 여인에게는 이 모든 것들이 아주 재빠르게 한 가지 사실로 환원되었다. 그녀는, 그들의 침묵 속에 남아 있던 아메리고의 질문을 너무 늦지 않게 받았다. 정신을 가다듬고 어싱엄 부인은 바닥에 세 조각난 황금 주발을 남겨두고 아메리고를 그의 부인에게 넘겨주었다.

She looked at him and looked at him ─ there were so many things she wanted on th spot to say. But Maggie was looking too ─ and was moreover looking at them both; so that these things, for the elder woman, very quickly reduced themselves to one. She met his question ─ not too late, since it had by their silence remained in the air. Gathering herself to go, leaving the golden bowl split into three pieces on the ground, she simply referred him to his wife(*GB* 448 ─ 49).

이와 같이 극적인 장면에서 소설의 인물들은 각자 인식의 새로운 전환점을 마련하는데, 이러한 인식 전환의 순간은 바로 "그 현장에서"(on the spot)의 현상학적 보기를 동반한다. 어싱엄 부인 역시도 황금 주발이 깨어지는 순간 갑자기 나타난 아메리고를 바라보고 또 바라보면서 아메리고가 그 현장에서 발생한 정황의 의미를 해석해 낸 것을 알게 된다. 그래서 그녀는 "아메리고의 시각을 따라가면서 간파하는 것"(recognition still more immediate, accompanying Amerigo's vision)(*GB* 448)이 가능하게 된다. 즉 어싱엄 부인은 샬롯과의 파행 관계를 매기가 완전히 파악했음을 알게 된 아메리고의 마음을 읽어낸다. 또한 매기도 어싱엄 부인과 아메리고를 주시하면서 그들의 마음을 간파해 낸다. 그러므로 인물들 상호 간의 은폐와 속임이 펼쳐지는 인생의 게임에서 이 현상학적 보여주기와 보기의 개념은 그들 상호 간 이해와 깨달음을 얻게 하는 데 필수적인 대화와 소통의 수단이 된다.

이 황금 주발이 깨지는 극적 장면에서 나타난 등장인물들의 인식 전환은 따라서 이후에 전개되는 그들의 관계 역학의 중요한 배경이 된다. 매기는 자신이 아메리고와 샬롯의 관계를 알고 있음을 행동으로 보여주며, 남편이 이러한 그녀의 행동을 말없이 관찰하게 한다. 그러나 남편에게 이러한 사실을 결코 "입 밖에 꺼내지 않게 하고"(hushed), 단지 깨어진 황금 주발이라는 가시적인 증거를 보여주는 것이다.

> ······ 마치 매기의 태도는 아메리고가 아무 말도 하지 않고, 자신이 행하는 바를 아메리고가 적당히 관찰하게 하는 것 같았다. 그는 추호도 의심하지 않았다. 그녀가 이미 알고 있음을. 그리고 그녀의 깨어진 황금 주발은 그녀가 알고 있다는 증거였다.

> ······ it was as if her manner hushed him to the proper observation of what she was doing. He should have no doubt of it whatever: she

knew, and her broken bowl was proof that she knew(*GB* 451).

이와 같이 매기는 자신이 알고 있음을 아메리고에게 보여주면서, 그가 이를 보기를 원한다. 침묵 속에서 서로 보여주기와 보기를 교환하면서 매기는 그가 당황하거나 고통스러워하지 않고 원래의 평정을 유지하기 원한다. 그래서 매기의 의식은 아메리고가 혼란과 흐트러짐 없이 이 새로운 상황에서 편리하게 마음을 추스를 것을 기대한다.

그녀는 그에게 다음과 같이 말하고 싶었다. '필요한 만큼 당신은 이 사실을 받아들이세요. 고통을 받지 않도록, 어쨌든 흐트러지지 않도록 마음을 추스르세요. 내가 알고 있다는 것만 보세요. 이 새로운 상황에서 편하게 마음을 정리하세요. ……'

She wanted to say to him. 'Take it, take it, take all you need of it; arrange yourself so as to suffer least as to be, an any rate, least distorted and disfigured. Only see, see that I see, and make up your mind, on this new basis, at your convenience. ……'(*GB* 452)

이와 같이 매기는 남편 아메리고의 불륜으로 인해 파생할 인간관계의 파괴와 불균형을 미리 막기 위해 지혜롭게 대처한다. 즉 이 파행을 공식화함으로써 자신과 아버지, 그리고 불륜의 당사자들인 남편이나 샬롯의 삶에 가져올 불행을 원하지 않는 매기는 단지 말없는 보여주기를 통해 남편의 각성을 촉구하며 정상적인 궤도로 복귀하도록 유도한다. 매기의 이러한 솔선은 아버지에게도 영향을 주어 그가 샬롯과 함께 미국행을 선택하게 하면서, 악의 온상이 된 네 사람의 관계는 비로소 올바른 위치를 찾게 된다.

이러한 매기의 관대함과 지혜는 그녀가 삶과 현실 세계에 무지한 상태에서 벗어나 자아와 현실의 새로운 해석적 지평을 열었음을 시사한다. 즉 매기는 비로소 인간관계와 현실에서 발생할 수 있는 악의 요소를 발견하고, 아메리고와 샬롯의 불륜이 빚게 될 조화로운 인간관계의 파괴를 막기 위해 지혜를 발휘할 정도로 지성적, 도덕적 발전을 이룩한다. 이런 매기의 발전은 『비둘기의 날개』(*The Wings of the Dove*)에서 "밀리가 보여준 헌신과 케이트의 의지력을 결합"(Its dynamics are provided entirely by Maggie, who combines Milly Theale's capacity for devotion with Kate Croy's strength of will)(Matthiessen 96)한 것으로 볼 수 있다. 말하자면, 매기의 이와 같은 자각과 인식의 통합 과정은 자기 초월뿐만 아니라 자신과 관련을 맺은 주변 사람들과의 꾸준한 상호 작용과 연합을 통해, 개인적이고 사회적인 차원 양면에서 성숙과 발전을 가져온 것이다. 이러한 개인적, 사회적 발전을 일구어 내는 매기는 새로운 시야를 통해 현상학적 혹은 해석학적으로 미지의 세계를 발견하게 되고 언어적 환경과 삶의 세계를 넓혀간다. 따라서 매기는 자신뿐 아니라 아메리고, 샬롯, 그리고 버버 씨에 대한 정확한 이해에 도달하고 그들의 빗나간 관계를 올바르게 재정립하게 되면서 모두에게 행복한 결말을 가져온다. 그리고 이러한 성숙과 발전을 가져온 매기와 타자들 간의 새로운 상호 관계의 형성은, 상호 간 몸짓과 표정을 보고 보여주는 의사소통 방식을 통해 도달한 합의에 바탕을 둔 것이다.

V. 결 론

V. 결 론_

    제임스는 후설처럼, 시각의 한계로 숨겨졌던 실재를 새로운 시야를 통해 포착하고자 했다. 이는 현상학적 보기와 직관의 순간이며, 기존의 사고와 견해, 감정과 기억 등을 포함한 한 개인의 인식 구조를 일시에 뒤흔드는 놀람과 충격을 동반하는 순간으로 해석될 수 있다. 스트레더는 파리를 돌아보면서 울렛의 관점에서 벗어나 채드와 비오네 부인의 관계를 이해하게 되고, 이자벨도 제한적 시각과 사고를 뒤흔드는 오스몬드와 멀 부인의 장면을 목격하면서 현실을 자각하는 맥락, 매기 역시 자신이 볼 수 없었던 실재를 접하면서 자신의 세계를 넓혀가는 국면들이 이를 입증해 주고 있다.

    인식 구조의 표현 매체와 형식이 바로 언어이고, 또한 이 언어는 마음을 가진 인간이 대상 세계와 상호 소통하고 대화하며 이해하는 데 있어 필수적인 하나의 "삶의 양식"이 된다. 이는 지금까지 살펴본 것처럼, 제임스뿐 아니라 하이데거와 메를로퐁티, 비트겐슈타인의 현상학에서 동일하거나 비슷한 용어로 반복되어 사용된 본질적인 요소로 작용한다. 스트레더는 파리라는 새로운 언어 환경과 삶의 양식에 부딪히면서 울렛의 언어와 삶의 양식을 서서히 유기해 가는 과정을 보여주고 있으며, 매기와 아메리고는 그들이 속한 미국과 유럽이라는 상이한 언어적, 문화적 생활환경이 주는 이질감 때문에 서로에 대한 이해에 심각한 장애를 초래하며, 대화나 상호 소통의 어려움을 겪는다. 피핀에 의하면, 제임스의 기본적인 내러티브는 삶이 특별한 의미와 양식을 가지고 있으며, 인간이 영위하는 자신의 삶의 양식을 형성하기 위해 무엇이 필요한가에 대해 암시해 준다. 즉 기만당한 여상속인 이자벨이 자유를 박탈당한 이유는 그녀가 단순히 오스몬드 와 멀 부인에게 속임을 당했기 때문이 아니다. 그것은 이자벨이 어떤 삶의 양식도 의미 있게 자신의 것으로 만들지 못했기 때문이다. 더 근본적으로는 삶의 양식을 형성하기 위한 필요조건, 즉 타자들과의 연합에 있어 일종의 진정한 상호성이 이자벨에게 부재하기 때문이다(173). 즉 상호 이해와 대화는 삶의 양식의 형성에 필수 요소가 되는 셈이다. 다시 말해, 미지의 숨겨진 세계와 타자들을 새롭게 발견하는 데 있어 필요한 이해와 대화는 인간의 삶의 형성에 있어 본질적인 실존적 요소가 된다. 그리고 이러한 요소는 현상학적 방식에 내재하기 때문에 현상학적 노력은 세계와 대상, 실재와 교류하고 경험하고 알아가는 인간 실존의 본질적 요소가 된다. 제임스가 창작 활동을 통해 추구한 것이 바로 이것이며, 윌리엄스의 지적대로 세계의 노련한 발견자가 되려는 현상학적 충동이 그의 사고를 지배한 이유가 된다.

이와 같이 제임스의 사고방식과 창작 활동 전반을 관통하는 현상학은 그의 텍스트에서 해석학적 시야를 제공해 주는 데 크게 기여한다. 새로운 세계를 발견하는 현상학적 보기 및 직관의 과정은 이를 조합하고 기술하는 것이 필요하고 이 기술의 언어가 바로 해석이다. 제임스의 인물들은 새로운 환경에 접하면서 끊임없이 경험하고 판단하는 해석의 과정을 거쳐 간다. 제임스의 의식의 중심 기법은 따라서 소설의 인물들이 기존의 의미 체계나 삶의 양식으로부터 새로운 현상과 사실을 괄호에 넣고 현상학적으로 직관하고 기술하고 해석하기 위한 장치가 된다.

이러한 새로운 서사 기법을 바탕으로 제임스는 소설 장르의 예술적 형식을 완성하려고 노력한다. 소설의 목적을 "개인적이고 직접적인 삶의 인상"(a personal, a direct impression of life)(*The Art of Fiction* 8)을 그리는 것에 두는 제임스는 우선 서술자를 하나의 중심인물과 동일화하여 작가와 등장인물의 경계를 허물고 있다. 그래서 작가의 창작 과정은 바로 인물이 스스로의 삶을 살면서 이야기를 말하는 과정이 되기 때문에 독자는 과연 이 이야기가 소설인지 실제의 삶인지 구분할 수 없게 된다. 이때, 독자는 소설 텍스트에 대한 수동적인 수용보다 거리 두기를 통해 스스로의 해석의 개입을 필요로 하게 된다. 따라서 예술과 삶이 밀착되고 소설 창작이 인식 및 해석과 동일한 작업이 되는 제임스의 소설에서는 작가와 등장인물, 독자가 하나가 되어 생생한 삶을 경험하게 되는 것이다.

이렇게 삶의 경험과 해석을 강조하는 경험의 현상학에 바탕을 둔 제임스의 소설론은 "삶의 현장감"(air of reality)(*The Art of Fiction* 12)과 "삶의 세계"를 강조한다. 이러한 "삶의 세계"에 대한 강조는 해체주의적 연구의 한계점을 시사해 줄 것이다. 왜냐하면, 서론에서 밝혔듯이 현상학적 전통 속에서 해체주의 방법론이 출현했다고 할지라도, 많은 현상학자들이 지적하듯 해체주의는 존재(presence)를 부정하기 때문이다. 제임스는 존재의 확실한 기초는 바로 "삶의 세계"임을 소설 속에서 보여주고 있다. 즉 소설의 인물들이 경험하고 판단하고 해석하는 작업을 수행하는 장소가 곧 "삶의 세계"이며, 이렇게 새롭게 발견한 의미의 닻이 바로 이 "삶의 세계"이기 때문이다. 마이스너 역시 제임스의 경험의 해석학 및 현상학 구조가, 단선적으로 열린 종지 구도에 제임스가 큰 의미 부여를 하고 있다고 보는 로스 포스낙(Ross Posnock)이나 프리실라 월튼(Priscilla Walton)의 접근법과 같은 푸코적인 방법론보다 더욱 정확하고 의미심장한 독법을 제공해 준다고 설명한다(28). 지금까지 논의한 『사자들』과 『여인의 초상』, 『황금 주발』의 텍스트 분석은 이와 같은 마이스너의 입장을 뒷받침해 준다. 즉 스트레더는 긍정적, 부정적 단면들까지 포함한 파리적인 삶의 양식을 총체적으로 이해하고 동시에 울렛의 양식에 대해 긍정하면서 보다 성숙하고 심화된 제3의 초월적 인식의 장을 열게 된다. 이자벨과 매기는 각각 제한되고 편협한 시각에 갇힌 자신을 발견하고 미몽에서 벗어난다. 이와 같이 소설의 인물들은 어떤 결론도 얻지 못한 미해결 상태나 포스트모더니즘적인 의미의 미결정 상태로 끝나는 것이 아니라, 분명한 인식론적 혹은 해석학적 발견과 인식의 발전을 꾀한 상황 속에 소설의 대미를 장식하고 있는 것이다.

Bibliography

I. Primary Sources

James, Henry. *Autobiography*. ed. Frederick Dupee. New York: Criterion Books, 1956.

James, Henry. *The Ambassadors.* ed. with an Introduction by Harry Levin. London, New York: Penguin Books, 1986.

James, Henry. *The Golden Bowl.* with an Introduction by Gore Vidal and Notes by Patricia Crick. New York, London: Penguin Books, 1987.

James, Henry. *The Portrait of a Lady.* ed. with an Introduction by Geoffrey Moore and Notes by Patricia Crick. London, New York: Penguin Books, 1986.

James, Henry. *Partial Portraits.* ed. Leon Edel. Ann Arbor: University of Michigan Press, 1970.

James, Henry. *The Art of Fiction and Other Essays by Henry James* with an Introduction by Morris Roberts. New York: Oxford UP, 1948.

James, Henry. *The Art of the Novel: Critical Prefaces*. ed. R. P. Blackmur. New York and London: Charles Scribner's Sons, 1962.

II. Secondary Sources

박인철, 『기술시대와 현상학 — 실천철학으로서의 현상학의 가능성』. 서울: 경희대학교 출판국, 2005.

사하키안, 윌리엄. 『서양철학사』. 권순홍 역. 문예출판사, 1989.

아브람스, M. H. 『문학용어사전』. 최상규 역. 보성출판사, 1991.

윤기한. 『헨리 제임스 연구』. 한신문화사, 1993.

피브체비치, 에도. 『후설에서 사르트르에로』. 이영호 역. 지학사, 1982.

Armstrong, Paul B. *The Phenomenology of Henry James*. Chapel Hill and London: U of North Carolina P, 1983.

Brand, Gerd. *The Essential Wittgenstein*. trans. Robert E. Innis. New York: Basic Books, 1979.

Brooks, Peter. "The Melodrama of Consciousness", *Henry James: A Collection of Critical Essays* ed. Ruth Bernard Yeazell Englewood Cliffs, New Jersey: Prentice Hall, 1994.

Cook, John W., *Wittgenstein, Empiricism, and Language*. Oxford, New York: Oxford UP, 2000.

Cross, Mary. *Henry James: The Contingencies of Style*. New York: St. Martin's, 1993.

Edel, Leon. *Henry James: The Conquest of London*. New York: J. B. Lippincott, 1962.

Edel, Leon. *Henry James: The Master*. New York: J. B. Lippincott,

1972.

Edel, Leon. *The Life of Henry James.* Volume 2. New York: Penguin Books Ltd., 1977.

Ermarth, Elizabeth Deeds. *Realism and Consensus in the English Novel.* New Jersey: Princeton UP, 1983.

Fairbanks, Matthew. "Wittgenstein and James", *The New Scholasticism* Vol.40, 1966: 331−40.

Finch, Henry LeRoy, "Forms of life" in his *Wittgenstein −The Later Philosophy.* Atlantic Heights, N. J.: Humanities Press, 1977.

Gadamer, Hans−Georg. *Philosophical Hermeneutics.* trans. and ed. David E. Linge. Berkeley Los Angeles London: U of California P, 1977.

Gadamer, Hans−Georg. *Truth and Method.* New York: The Seabury Press, 1975.

Gier, Nicholas F. *Wittgenstein and Phenomenology.* Albany: State U of New York P, 1981.

Graham, Kenneth. *Henry James A Literary Life.* Houndmills and London: Macmillan Press Ltd., 1995.

Hacker, P. M. S. *Insight and Illusion: Wittgenstein on Philosophy and the Metaphysics of Experience.* London: Oxford UP, 1972.

Hagberg, Garry L. *Meaning and Interpretaion: Wittgenstein, Henry James, and Literary Knowledge.* Ithaca and London: Cornell UP, 1994.

Hall, Harrison. "The A priori and the Empirical in Merleau−Ponty's *Phenomenology of Perception"*, *Philosophy Today* 23, 1979.

Heidegger, Martin. *Being and Time.* trans. E. Robinson & J. Macquarrie. Oxford: Basil Blackwell, 1962.

Heidegger, Martin. "Hölderlin and the Essence of Poetry", trans. Douglas Scott in *Existence and Being*. Chicago: Henry Regnery, 1949.

Hocks, Richard A. *Henry James and Pragmatistic Thought: A Study in the Relationship between the Philosophy of William James and the Literary Art of Henry James*. Chapel Hill: U of North Carolina P, 1974.

Husserl, Edmund. *The Crisis of European Sciences and Transcendental Phenomenology.* trans. David Carr. Evanston: Northwestern UP, 1970.

Husserl, Edmund. *The Paris Lectures.* trans. & intro. Peter Koestenbaum. Dordrecht: Martinus Nijhoff, 1975: 19−23.

Kerr, F. "Language as Hermeneutic in the Later Wittgenstein", *Tijdschrift voor Filosofie* 27, 1965.

Lentricchia, Frank. *After the New Criticism*. Chicago: The U of Chicago P, 1980.

Lawhead, William F., "Wittgenstein and Merleau−Ponty on Language and Critical Reflection", doctoral dissertation, University of Texas, 1977.

Lubbock, Percy. *The Craft of Fiction*. London: Jonathan Cape, 1921.

Matthiessen, F. O. *Henry James: The Major Phase*. New York: Oxford UP, 1970.

Meissner, Collin. *Henry James and the Language of Experience*. Cambridge: Cambridge UP, 1999.

Merleau−Ponty, Maurice. *Phenomenology of Perception*. trans. Colin Smith. London and Henley: Routledge & Kegan Paul, 1962.

Merleau−Ponty, Maurice. *The Primacy of Perception.* ed. James *The*

Primacy of Perception. ed. James Edie. Evanston: Northwestern UP, 1964.

Merleau—Ponty, Maurice. *The Primacy of Perception.* ed. James *Signs.* trans. R. C. McCleary. Evanston: Northwestern UP, 1964.

Ott, Heinrich. "Hermeneutic and Persoanl Structure of Language of *Being and Time*" in *On Heidegger and Language*, Pippin, Robert B. *Henry James and Modern Moral Life.* Cambridge: Cambridge UP, 2000.

Ricoeur, Paul. *Hermeneutics and the Human Sciences: Essays on Language, Action and Interpretation.* ed. and trans. John B. Thompson. Cambridge: Cambridge UP, 1981.

Rivkin, Julie. *False Positions: The Representational Logics of Henry James's Fiction.* Stanford: Stanford UP, 1996.

Rivkin, Julie. *The Primacy of Perception.* ed. James. The Primacy of Perception. ed. James "The Logic of Delegation in The Ambassadors", Modern Critical Interpretations 4 Henry James's The Ambassadors. ed. and with an introduction Harold Bloom. New York, New Haven, Philadelphia: Chelsea House Publishers, 1988.

Schütz, Alfred. "William James' Concept of the Stream of Thought Phenomenologically Interpreted", *Philosophy and Phenomenological Research* Vol.1, 1941: 442—52.

Sefler, George F. *Language and the World: A Methodological Synthesis within the Writings of M. Heidegger and L. Wittgenstein..* Atlantic Heights: The Humanities Press, 1974.

Seidel, Michael. "The Long Exile: James's *The Ambassadors* and The

American Scene", *Modern Critical Interpretations 4 Henry James's The Ambassadors* ed. and with an introduction Harold Bloom. New York, New Haven, Philadelphia: Chelsea House Publishers, 1988.

Smith, Virginia Llewellyn. *Henry James and the Real Thing: A Modern Reader's Guide.* Houndmills and London: Macmillan Press Ltd., 1994.

Stewart, J. I. M. *Eight Modern Writers.* Oxford: Oxford UP, 1963.

Todorov, Tzvetan. *The Poetics of Prose.* translated from the French by Richard Howard. Oxford: Blackwell, 1977.

Ward, Joseph A. *The Imagination of Disaster: Evil in the Fiction of Henry James.* Lincoln: U of Nebraska P, 1961.

Wertz, S. K. "On Wittgenstein and James", *The New Scholasticism.* Vol.46, 1972: 446−48.

Williams, Merle A. *Henry James and the Philosophical Novel: Being and Seeing.* Cambridge: Cambridge UP, 1993.

Wittgenstein, Ludwig. *Lectures, Cambridge 1930−32.* ed. Desmond Lee. Totowa, N. J.: Rowman and Littlefield, 1980.

Wittgenstein, Ludwig. *The Primacy of Perception.* ed. James *Ludwig Wittgenstein Logische philosophische Abhandlung Tractatus logico philosophicus.* Kritische Edition Herausgegeben von Brian McGuinness und Joachim Schulte, Frankfurt am Main: Suhrkamp, 1989.

Wittgenstein, Ludwig. *The Primacy of Perception.* ed. James *On Certainty.* trans. Anscombe and von Wright. New York: Harper Torchbooks, 1969.

Wittgenstein, Ludwig. *The Primacy of Perception.* ed. James *Philosophical Grammar.* trans. Anthony Kenny. Berkeley: U of California P, 1974.

Wittgenstein, Ludwig. *Philosophical Investigations.* trans. Anscombe. New York: Macmillan, 3rd ed., 1958.

Wittgenstein, Ludwig. *Philosophical Remarks.* trans. R. Hargreaves and R. White. Oxfrod: Blackwell, 1975.

Wittgenstein, Ludwig. *The Big Typescript,* 213, 1933.

Wittgenstein, Ludwig. *The Blue and Brown Books.* ed. R. Rhees. New York: Harper Torchbooks, 1969.

Wittgenstein, Ludwig. *Tractatus Logico −Philosophicus by Ludwig Wittgenstein with an Introduction by Bertrand Russel, F. R. S.* New York London: Routledge & Kegan Paul Ltd., 1951.

web−site

http://muse.jhu.edu/journals/henry_james_review/v018/18.3hagberg. html 223 −33.

•저자•

김경아　　•약　력•

연세대학교 독문학과 졸업(1989)
홍익대학교 영어영문학과 석사학위(1997)
홍익대학교 영어영문학과 박사학위(2007)
영국 University of Cambridge 연구원(Henry James 연구)(2003~2004)
현재 홍익대, 숭실대, 한경대, 호서대 출강

•주요논문•

「네이티브 스피커와 동양인 서양에 가다의 비교 연구: 혼종성의 관점에서」
「비트겐슈타인의 언어 게임과 헨리 제임스의 내러티브 운용」
「헨리 제임스의 설화방식과 현상학」
「제스처(gesture)적 의사소통의 드라마: 헨리 제임스의 황금 주발」

● 헨리 제임스의 소설과 현상학

• 초판 인쇄 │ 2008년 10월 6일
• 초판 발행 │ 2008년 10월 6일

• 지 은 이 │ 김경아
• 펴 낸 이 │ 채종준
• 펴 낸 곳 │ 한국학술정보㈜
　　　　　　경기도 파주시 교하읍 문발리 513-5
　　　　　　파주출판문화정보산업단지
　　　　　　전화　031) 908-3181(대표)·팩스　031) 908-3189
　　　　　　홈페이지　http://www.kstudy.com
　　　　　　e-mail(출판사업부)　publish@kstudy.com
• 등　　록 │ 제일산-115호(2000. 6. 19)
• 가　　격 │ 27,000원

ISBN　978-89-534-9992-8 93840 (Paper Book)
　　　　978-89-534-9993-5 98840 (e-Book)